お金の不安は
お金で消えない。
勉強・経験・友達を
コツコツ増やすことで
不安は消える。

中谷彰宏

あきひろ

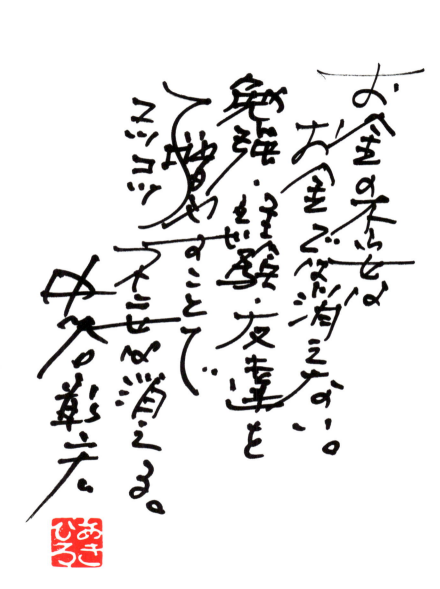

お金の不安がなくなる60の方法

中谷彰宏

AKIHIRO NAKATANI

現代書林

この本は、
3人のために書きました。

1

今ある仕事が、なくなりそうな人。

2

将来、お金がなくなったらどうしようと不安な人。

3

収入を増やして、お金の不安をなくしたい人。

PROLOGUE

01

「お金のある人」と「お金のない人」に分かれるのではない。「お金の不安がある人」と「お金の不安がない人」に分かれる。

世の中には、「お金の不安がある人」と「お金の不安がない人」の2通りがいます。

「お金のある人」と「お金のない人」に分かれているわけではありません。

お金のある人は不安がなくて、お金のない人は不安があるのだから、同じことを言っていると思うかもしれません。

実は違います。

お金があっても、お金の不安がある人もいます。

PROLOGUE
プロローグ

お金がなくても、お金の不安がない人もいます。

大切なのは、「お金のある人」ではなく、「お金の不安がない人」になることです。

お金のない人は、お金の不安を感じているのではありません。

今すでに貧乏な人は、貧乏が怖くないのです。

「貧乏でも死にはしない」と、わかっているからです。

「貧乏になったらどうしよう」と考えている人は、まだ貧乏を体験していないから、「貧乏になったら、とんでもない地獄が待っているのではないか」と、ビクつくのです。

これはおかしなことです。

今の日本でお金の不安がある人は、本当はお金のある人です。

今はお金を持っていても、自分が何歳まで生きるかわかりません。

年をとると、給料も下がって、やがて定年になります。

年金も、もらえるかどうかわかりません。

1年にいくら必要かを計算して、「足りなくなったらどうしよう」と、不安になるのです。


貧乏で不安を感じているのではなく、「貧乏になったらどうしよう」と不安を感じているのだと気づくことです。


まだ起こっていないことへの不安は無限に大きくなります。

最悪の事態を想像するからです。

目の前で起こっている事態に関してはマックスが見えているので、それ以上悪くならないことはわかっています。

睡眠外来の受診者の半数は、「眠れなくなったらどうしよう」という不安で眠れなくなった人だそうです。

それが睡眠障害の大きな原因です。

お金においても、睡眠障害と同じ原理が起こっています。
「お金がなくなったらどうしよう」という不安で、お金がなくなるのです。
そこで焦るからです。
大切なのは、お金の不安を取り除く方法を覚えておくことなのです。

一生モノの「稼ぎ力」を身につける新ルール

01

「お金のある人」より「お金の不安のない人」になろう。

一生モノの「稼ぎ力」をつける60の新ルール

01 □——「お金のある人」より「お金の不安のない人」になろう。
02 □——一から始めよう。
03 □——効率より、学びでつながろう。
04 □——ショップ型より、サロン型になろう。
05 □——収入を得る勉強をしよう。
06 □——経営者の意識を持とう。
07 □——会社への甘えを捨てよう。
08 □——「コツコツ」で勝とう。
09 □——「サクッと」より「コツコツ」仕事をしよう。

10 □――「不安」を感じる時間を、「コツコツ」にまわそう。
11 □――コスパで、選ばない。
12 □――価格より、価値がわかるように勉強しよう。
13 □――生命力を身につけよう。
14 □――学びで文化力をつけよう。
15 □――勉強休みをとろう。
16 □――すぐに収入にならない勉強をしよう。
17 □――「流行でないこと」をしよう。
18 □――知識・経験・友達力をつけよう。
19 □――専門外の知識・経験・友達力をつけよう。
20 □――「小さく・深く・長く」しよう。
21 □――「結果を求めないこと」をしよう。
22 □――えり好みしない。
23 □――稼げない原因を自分に探して改善しよう。

24 □──リスクから逃げない。

25 □──リスクをとろう。

26 □──その場で次の仕事が来なかったら、不合格として改善しよう。

27 □──会社への甘えに気づこう。

28 □──引っ越しとクレジットカード作成は、辞める前にしておく。

29 □──仕事がない時に、勉強しよう。

30 □──お金より、信用をつくろう。

31 □──利益より、継続的な取引をしよう。

32 □──借金をコツコツ返そう。

33 □──会社で守られている幸せに感謝しよう。

34 □──技術より、人間力をつけよう。

35 □──1分を惜しんで、勉強しよう。

36 □──自分の会社を倒産させないように頑張ろう。

37 □──しんどいことを、早めに体験しよう。

52 □——勉強まで会社に甘えない。

53 □——お客様を稼げるようにしよう。

54 □——断わるお客様をつくろう。

55 □——特典を聞かない。

56 □——目指す稼ぎ方をしている人に相談しよう。

57 □——苦しい時に、仕事を変えない。

58 □——仕事に対して、リスペクトを持とう。

59 □——見栄代に、ムダづかいしない。

60 □——物質的安心より、精神的豊かさを目指そう。

CONTENTS

お金の不安がなくなる60の方法

CHAPTER

2

お金の不安がない人は、未来への投資を惜しまない。

CHAPTER 3

お金の不安がない人は、安定よりリスクをとる。

CHAPTER

4

お金の不安がない人は、今に全力投球している。

CHAPTER

5

お金の不安がない人は、手放す勇気がある。

CHAPTER 6
自分を信じられれば、お金の不安は消えていく。

EPILOGUE

60

物質的安心より大切な、精神的豊かさは、勉強・経験・友達力から生まれる。

CHAPTER

1

お金の不安がない人は、一から稼ぐ覚悟がある。

02

貯金がいくらあっても、不安はなくならない。ゼロになっても、一から稼ぐ覚悟がある人は、お金の不安がない。

お金の不安を取り除くために、貯金で解決しようとしても不安はなくなりません。

不安がなくなる貯金の上限額は決められないからです。
老後のことを考えると、ぜいたくをしなくても、1年で何百万円かは必要です。
病気で入院するとなると、ベッド代がかかります。
手術代や薬代を考えると、お金がいくらあっても不安はなくならないのです。

莫大《ばくだい》な資産を持っていたら持っていたで、近づいてくる人がすべて自分の資産を狙っているのではないかと不安になります。

詐欺に狙われる心配もあります。

資産が莫大であればあるほど落ち着かなくなるのです。

土地を持っている人は、多額の固定資産税がかかります。

子どものために残そうと思っても、相続税でごっそりとられます。

たくさん持っている人も、持っているからこその悩みがあるのです。

「貯金では不安は解決できない」と、最初に気づくことです。

最初に気づくことで、不安が消えていくのです。

保険も同じです。

「これだけ保険をかけたら大丈夫」ということはありません。

高額な保険に入ると、「保険金殺人で殺されたらどうしよう」などと、いらぬ不安が湧いてきます。

貯金や保険では、不安の解決にはならないのです。

アクシデントに巻き込まれて、持っているお金がゼロになった時に、「一からまたコツコツ稼げばいい」と考えられる人には、不安はありません。

「ゼロになったらどうしよう」と悩むより、働けばいいのです。

きわめて単純なことです。

「どうしよう」でとまらないで、「じゃ、こうしよう」と考えることで不安は消えていきます。

私は財産がゼロになっても平気です。

また一から働くつもりでいるからです。

私の1000冊の著作権が全部なくなっても、それをネタに本を書くので、まったく心配はしていません。

たとえ依頼がなくても、先に原稿を書いておきます。

お金を持っている人が不安に弱いのは、現状を維持したいからです。

ここが不安のもとです。


サラリーマンも同じです。

そこそこの給料をもらっている上の立場の人たちの方が、今の給料を維持しながらなんとかしようとするから、転職も独立もなかなかできないのです。

「ゼロから始めよう」と考えれば、不安はありません。

今、そこそこいい立場にいる人の方が不安が大きくなります。

会社をクビになって、就職先がどこにもない時でも、能力があれば、必ずどこかから誘いが来ます。

どこからも誘いが来ないのは、能力がないということです。


「不安」は、どうなるかわからない状態です。

能力がなければ、能力をつけるために、一から勉強すればいいだけです。

そこに揺れている要素は何もありません。
能力があれば、就職先があります。
能力がなければ、一から能力をつければいいだけです。
「ほかにないんですか」と言われても、それ以外にはないのです。

一生モノの「稼ぎ力」を身につける新ルール

02

一から始めよう。

03

ランチ500円と5000円でどちらが得か。激安店とは、効率でつながっている。高級店とは、学びでつながっている。

モノの値段は激安店と高級店で二極化しています。

「激安店の500円ランチ」と、「高級店の5000円ランチ」があるのです。

価格だけで考えると、もちろん500円のランチの方が安いです。

安い500円のランチを食べていると、その人は毎回500円を捨てることになりかねません。

そこから何も学びが得られないからです。

お金は常に何かとの交換です。

5000円のランチを出す高級店の人は、勉強して、食材を料理して、食器と空間を用意して、お客様をおもてなしします。

お客様は、それを通してその高級店の味を学びます。

それだけではありません。

作法も学びます。

洗練された立ち居ふるまい、大人の立ち居ふるまいを教わります。

季節感も教わります。

器も教わります。

流れている音楽、楽しい時間、落ち着いた空間も味わえます。

お店の人との会話からも学べるのです。

それに対して、お客様はお店に何を返すかです。

まずは代金です。

次に、感謝を返します。

さらには、リスペクトを返します。

「すごい修業をされているのですね。勉強させていただきました」というのがリスペクトです。

リスペクトがあれば、「料理が遅い」というクレームは発生しません。

「時間をかけて準備してくれている」とわかるからです。

お店の人は、お客様から代金を受け取っています。

それだけではありません。

お客様に喜んでもらえたという満足感と充実感も得ています。

レベルの高いお客様から学ぶこともあります。

「しまった。あそこはもっとこうした方がよかったな。お客様のレベルが上まわっていたな。今度はこうしよう」と思うのです。

吉兆の創業者・湯《ゆ》木《き》貞一《ていいち》さんは、「お手本はお客様にある」とおっしゃっています。

高級店である料亭は、お客様と学びを交換し、共有し合っているのです。

それに対して、ランチ500円の激安店が提供しているのは、スピードです。

人通りのいい所にお店があって、早く安く量を多く出すのです。

お客様は、満腹を受け取って終わりです。

それは「安さ」と「満腹」の交換でしかありません。
それに対して、お客様は代金を返します。
そこに感謝はありません。
お店の側も代金を受け取って終わりです。
ここに充実感も学びも必要ないのです。
回転を速くするためには、むしろ会話がない方がいいのです。
激安店がお客様に求めているのは、効率です。
早く出すのは、お客様へのおもてなしではありません。
その方が1時間当たりの回転率が上がるからです。
お客様も、どれだけ安く満腹になれるかという効率を求めています。
お互いに効率の関係性になっているのです。

一生モノの「稼ぎ力」を身につける新ルール 03

効率より、学びでつながろう。

04

お金を増やすには、文化力を身につける。文化力を身につけるために、学ぶ。

ビジネスには「ショップ型」と「サロン型」の2つがあります。

ショップ型のビジネスは、効率でつながっています。

それに対して、**サロン型は学びの共有でつながっています。**

サロンは17世紀のフランスで始まりました。

上流階級の貴族のご婦人が自宅に文化人を招いて、知的な会話をして、洗練された教養をお互いに磨いていたのです。

お金の不安をなくすには、貯金でも保険でもなく、まずは稼ぐことが大切です。

どんなに出るお金を減らしても、入ってくるお金を増やさなければ、不安はなくならないからです。

入ってくるお金を増やす方法は、文化力を身につけることです。

文化力を身につけるために学ぶのです。

5000円のランチを食べていれば学べるというわけではありません。

学び方を覚えないと文化力は身につきません。

女子会でおしゃべりに夢中になっていたら、5000円のランチに行っても、まったく何も学べないのです。

500円のランチでは、学ぶチャンスすらありません。

そもそも、そんなものをお店の人は求めていないからです。

自分が商売をするならば、ショップ型ではなく、サロン型の商売をします。

限られたお金を使う時は、ショップ型ではなく、サロン型で使います。

「ショップ型」か「サロン型」かは、自分が選ぶことができるのです。


一生モノの「稼ぎ力」を身につける新ルール

04

ショップ型より、サロン型になろう。

05

節約では、不安はなくならない。収入を得る勉強をすることで、不安はなくなる。

お金の不安を減らすために、出ていくお金を減らそうとする考え方があります。個人のレベルでは節約、企業のレベルではコストカットです。

ただし、それでは不安はなくなりません。

節約すればするほど、入ってくるお金が減るからです。

たとえば、客数が減ったビュッフェが、コストカットのために品数を減らしてクオリティーを下げました。

その店は、いつ行っても同じメニューで、量も減って、料理がなくなっても追加されなくなりました。

今までコンスタントに来ていたお客様も、その店には行かなくなります。

売り上げがますます下がって、経営者はさらにコストカットをするという負のスパイラルに入るのです。

これは逆です。

節約では、お金は増えないのです。

節約自体は悪いことではありません。

大切なのは、収入を得るための勉強にお金をかけることです。

お金をかけて勉強することでしか、不安はなくならないのです。

本を読むのも勉強です。

お店に行って高いランチを食べることも勉強です。

そこから何かを学び取ろうとすると、その人の不安はなくなります。

高いランチは、ただぜいたくをしているだけではないのです。


一生モノの「稼ぎ力」を身につける新ルール

05

収入を得る勉強をしよう。

06

受け身のままでは、不安になる。能動的になることで、不安はなくなる。

不安になる人とならない人の決定的な違いは、不安になる人は受け身のままで、不安にならない人は能動的だということです。

私は27年間、会社を経営しています。

その前は会社でサラリーマンとして働いていました。

よかったのは、経営者にまわると不安がなくなることです。

経営者は受け身でいられないからです。

この感覚は、自分で会社を経営してみないとわかりません。

社員を食べさせていくために、自分は能動的にならざるをえないのです。

下請け感覚のフリーランスは、最も中途半端なところにいます。

一生モノの「稼ぎ力」を身につける新ルール

06

経営者の意識を持とう。

本来、フリーランスは経営者の意識になることが求められます。

フリーランスなのに雇われている側の意識でいると、最もきついところへ追い込まれます。

雇われている人の下請けになって、状況はもっと悪くなるのです。

07 リスペクトのない人は、大人になっても子どものままだから不安になる。

「社会人になって自立する」という表現は、通常は就職した時に使います。

サラリーマンでも、「よし、社長を食べさせてやろう」という能動的な意識が芽生える人と、「社長に食べさせてもらおう」という受け身の意識が芽生える人とに分かれます。

就職したからといって、自立しているわけではありません。

今まで親にしてもらっていたことを、会社に入って上司や社長にしてもらおうと頼っていく人もいます。

会社を家と勘違いするのは、甘えです。

そういう人は、常に「いつ親に捨てられるか」という不安を持ちます。

この不安のベースは、会社に対してリスペクトがないことです。
親に対してリスペクトのある人は、不安を持たないのです。
能動と受け身との決定的な違いは、リスペクトがあるかないかです。
会社には、仕事を教えてもらって、面倒もいろいろ見てもらっています。
それに対して「ありがたいな。お返ししないと」という気持ちがリスペクトです。

本当は、会社に入る前に、親に対しても持っておかなければならない気持ちです。
親にリスペクトのない人間は、親離れしないまま会社に入ってしまうのです。
親子といえども、別人です。
それなのに、いつも優しくしてもらっています。
家賃も水道光熱費も全部払ってもらっています。
食べさせてもらって、病気になったら病院にも連れて行ってもらえます。

それに対して「申しわけなかったな。恩返ししないと」という気持ちを抱いている子どもは自立しています。

「親ならやってくれるのが当たり前だろう。クソババア」と言っている人は、自立できていません。

「クソババア」と言っていた子どもは、やがて会社に入って「クソ上司」と言うようになります。

リスペクトがないのが子どもです。

甘えであり、自立できていないのです。

このまま定年を迎える人もいます。

会社を辞めると国を親のかわりにして、「クソ政府」と国の悪口を言うのです。

「上司はなんでオレのことをわかってくれないんだ」と言うのは、「親はなんで自分のことをわかってくれないんだ」と言っているのと同じです。

一生モノの「稼ぎ力」を身につける新ルール

07

会社への甘えを捨てよう。

子どもの時点で、「親も大変だよね」と言える子どももいます。
未成年だろうが社会人だろうが、甘えている人は子どもです。
大人と子どもの一番大きな違いは、相手に対してリスペクトがあるかないかです。
親に対してリスペクトのない人は、会社に入っても子どものままです。
上司と親の区別もついていません。
リスペクトのない人は、親を上司に置きかえているだけなのです。

08 コツコツは、能力を上まわる。

ＡＩは、ビッグデータをスピーディーに処理することが得意です。

ＡＩが最も苦手なのは、ムダに見えることでもコツコツすることです。

たとえば、編集者は書いてもらいたい著者のところに何回も通って、何度もプレゼンをします。

断られても断られても通い続けます。

これがＡＩにはできないのです。

ＡＩは、すぐに「これはムダ」と判断して、引き受けてくれそうな人のところに行きます。

ところが、人間の気持ちは変わることがあります。

「そこまで言うなら、やってあげようか」と、思うようになるのです。

その変更をＡＩは見抜けません。

「過去はずっと断っている」というデータから、「未来も断るだろう」と判断するのです。

コツコツ通っていると、ある瞬間、意外なＯＫが出たりします。

あんなに怒っていた人、あんなに断っていた人が、その日はたまたま機嫌がよくて、ストンと通るのです。

これがコツコツすることの強味です。

人間には、
①サクッとしたい人
②コツコツしたい人
の2通りがいます。

サクッとしたい人は、ＡＩに負けます。

「サクッ」対「コツコツ」の戦いは、AIが生まれる前からありました。

最後に勝つのは、コツコツする人です。

サクッとしたい人は、「食べていくためには資格とかを取っておいた方がいいんですよね。2〜3日でサクッと取れる資格はなんでしょうね」と言うのです。

たしかに、そういう資格もあります。

広告にも「副収入で稼げる」と書いてあります。

実際は、そんな資格で食べていけるわけがありません。

それができるなら、みんなそれをしています。

サクッとしたい人は、そんなことはひとつも考えずに、「資格を取ったのに食べていけない」と文句を言います。

稼げないとわかると、「ほかに何かサクッと取れる資格はないですかね」と、次を探すのです。

その人は、すべてのことを「サクッとできる」と考えています。

一生モノの「稼ぎ力」を身につける新ルール

08

「コツコツ」で勝とう。

「コツコツ」にぶつかった時点で、「これは時間がかかりそうだから」と、やめてしまいます。

それでは食べていけないのです。

これは能力の差ではありません。

サクッとしたがるか、コツコツができるかの違いです。

どんなに能力がなくても、コツコツできる人の勝ちです。

コツコツできること自体、能力を上まわる能力なのです。

09

AIが心配な人は、AIの前に負ける。サクッとしようとすると、負ける。コツコツすると、負けない。

「AIに仕事を奪われる」と心配している人がいます。

AIに仕事を奪われる前に、仕事がなくなります。

コツコツする人間に仕事を奪われるのです。

AIに奪われているのではありません。

AIは、サクッとするのが得意です。

なおかつ、**AIは文句を言いません。**

AIの中には「なんで?」がないからです。

一方で、文句を言っている社員はクビになります。

上司は、文句を言う社員はストレスになるので、雇いたくないからです。

サクッとしたい人が文句を言っていると、ＡＩが入ってきたら負けるのです。

人間の社員すべてがＡＩに負けるかというと、そうではありません。

「あいつは、なんでクビにならないんだ」と言われる人は、文句を言わず、コツコツ仕事をしているのです。

コツコツする人は会社で必要です。

そういう人を上司は手放せないのです。


これからの時代、サクッとしたい人はＡＩの下にまわります。

たとえば、編集の仕事はコツコツ仕事のきわみです。

面接で「編集者になりたいのですが、コツコツは苦手で、サクッとしたいです」と言う人は、誰も雇ってくれません。

ＡＩが出てきたことで、「サクッと人間」と「コツコツ人間」の境目が明快になったのです。

ＡＩが出てくる前は、そこそこの「サクッと人間」でも、まだなんとか生き延びられました。

本当は、コツコツ人間が稼いで、サクッと人間が稼げないというのが当たり前の社会です。

AIが出てくることで、世の中がまっとうな社会になってきたのです。


一生モノの「稼ぎ力」を身につける新ルール

09

「サクッと」より「コツコツ」仕事をしよう。

10

お金の不安は、受験の不安と同じ。コツコツ勉強していない人は、不安になるだけ。

お金の不安は、学生時代の勉強の不安と同じです。

受験生で「不安だ」と言っている人は、勉強していない人です。

「不安で勉強が手につかない」と言いますが、毎日毎日、勉強しないで過ごしていたら、不安になるのは当たり前です。

仕事においても、「お金のことが不安で仕事が手につかない」と言う人を雇う人はいません。

その人は、日々、仕事の能力が身につきません。

勉強も仕事もしていないので、能力がアップしないのです。

受験の不安を乗り越えるには、コツコツ勉強するしかありません。

コツコツ勉強している間は、不安を感じないのです。

脳のスイッチは、「コツコツする」と「不安」のどちらかに入っています。

コツコツしてさえいれば、不安が湧いてくるヒマはないのです。

「中谷さんは、未来に対して不安はないんですか」と聞かれたら、私は「まったくない」と答えます。

勉強に忙しいからです。

「不安だ」と言っている人に「勉強すればいいのに」と言うと、「不安で勉強が手につかない」と言うのです。

その人は「不安」の方にスイッチが入っています。

脳のスイッチは、「不安50、コツコツ50」ということはありません。

機械のように「不安」と「コツコツ」のどちらかに入るものなのです。

一生モノの「稼ぎ力」を身につける新ルール

10

「不安」を感じる時間を、「コツコツ」にまわそう。

11

コスパを求めると、コスパで切り捨てられる。

不安な人は「コスパ」を求める傾向にあります。

「この会社は、この時間働けば、これぐらいの給料がもらえるから、コスパがいい」

「あそこは給料が高いけど、労働時間も長くて、仕事もきついから、コスパが悪い」

「給料は安いけど、労働時間も短いし、責任も小さいからコスパがいい」

と言うのです。

私は、就活で企業の採用担当者と一緒に仕事をしています。

採用担当者が驚いたことがあります。

給料を上げると応募者が減るのです。

それは「給料が高いから、仕事はしんどいに違いない」と考えて敬遠するからです。

私の就活時代は、みんな給料の高い順から応募していました。

面接に落ち続けると、だんだん応募する会社が減ってきて、給料もどんどん下がっていきます。

希望の会社に通らなければ、そういうところに行くしかなかったのです。

今は「昇級してやる」と言っても断られます。

責任を背負いたくないからです。

これがコスパの発想です。

給料と責任との比率で、できるだけコスパのいい仕事がしたいのです。

コスパを求める人は、自分もコスパで切られます。

その人は、会社との関係がコスパしかないのです。

自分がコスパでお客様や取引先とつきあうと、向こうもコスパでつきあうようになります。

「この人とつきあっていると、何かおいしいことがある」という姿勢でいると、向こうも同じ姿勢になります。

自分自身が2人の関係性をコスパで選んでいるのです。

「クビになったらどうしよう」という不安は大きいのです。

自分がコスパで会社を選んだら、いつか会社からコスパで切られます。

経営を立て直すためには、ムダな社員を切った方がコスパがいいからです。

一生モノの「稼ぎ力」を身につける新ルール

11

コスパで、選ばない。

12 安い方より、学べる方を選ぶ。

モノを選ぶ時は、「安い方」で選ばないようにします。
どちらが学べるか、稼げる人間に成長できるかで選ぶのが正しい選び方です。
これが価格より価値で選ぶということです。
価格で選ぶのは、コスパです。
価格は誰が見てもわかります。
勉強は必要ありません。
ネットで調べれば、一番安いところがすぐに出てきます。
価値は、勉強しないとわかりません。
美術品の価値や料理の価値は、勉強しないとわからないのです。

一生モノの「稼ぎ力」を身につける新ルール

12

価格より、価値がわかるように勉強しよう。

「大量生産したモノ」と「手づくりのモノ」は、勉強しないと見分けがつきません。

産業革命以降、イギリスでは芸術が見直されました。

「機械でつくった大量生産のモノと人間の手でつくったモノは、やっぱり違う」ということで、手づくりの工芸品の価値が一気に上がったのです。

たとえば、デートでレストランに行くと、コスパがリアルにわかります。

男性から「この店、コスパがいいんだよね」と言われたら、どうでしょう。

連れの女性は「コスパのいい女だと思われた」「自分もコスパで扱われた」という感情を持ちます。

それを聞いたお店の人も、うれしくありません。

まわりにいたお客様も、その発言はあまり聞きたくありません。

「コスパ」という言葉を口に出すと、まわりの人をハッピーにしないのです。

CHAPTER

2

お金の不安がない人は、未来への投資を惜しまない。

13

経済力では、不安はなくならない。

不安をなくすために、自分に経済力をつけようとする人がいます。

経済力をつけても不安はなくなりません。

大切なのは、生命力です。

たとえば、男性が結婚相手のご両親に挨拶に行って、「仕事は何をしているの」と聞かれました。

親としては、それが心配です。

親は相手の男性の経済力は見ていません。

経済力は景気の変動で、消えてなくなるものだからです。

どんなに給料の高い会社でも、クビになったり、倒産する可能性があります。

どれだけ貯金があっても、使い切ったら終わりです。

経済力がゼロになっても、どんなに不景気になっても娘を食べさせていく生命力があるかどうかを見ているのです。

生命力の基準になるのは、文化力です。

文化力とは、貧乏でも楽しめる力です。

経済力のある人は、経済力を中心に成り立っています。

その人が貧乏になると、一気に家庭関係がギスギスします。

文化力は、どんなに安いモノでも、そのモノの中に、美や喜び、楽しみを見出す力です。

「値段が高ければ高いほどいい」というのは、経済力の考え方です。

日本が経済力でなんとかなったのは、高度経済成長時代の大阪万博までです。

それまでは経済力で世の中なんとかなったのです。

１９７０年代に、日本はオイルショックを見事に乗り越えました。

１９８０年代に、金融緩和で土地・株のバブルの時代が来ました。

13

生命力を身につけよう。

この時、バブルで踊っていたのは日本だけでした。

ここで「働かなくても食べていける」という、あやふやでおかしな考え方が日本に生まれたのです。

当時、私は20代でした。

20代は、一番忙しく働く年代です。

バブル時代でも、20代は働かなければいけないのです。

あの時に30代、40代だったら、私の人生はきっとおかしくなっていました。

幸運だったのは、バブルの恩恵など関係なく忙しかったことです。

20代は下働きの時代だったので、「人間は働かなければ食べていけない」という当たり前の考えが崩れなかったのです。

14

文化力に、お金はついてくる。

日本がバブルで浮かれていた時代に、アメリカではアップルのスティーブ・ジョブズが未来を変える新しい付加価値を生み出しました。

スティーブ・ジョブズは、徹底的にフォントにこだわりました。

それまでは、パソコンのフォントにこだわる人は誰もいませんでした。

アップルは、ほかの会社に比べてデザインにこだわります。

これが文化です。

スティーブ・ジョブズは、スタンフォード大学でカリグラフィーの授業をとっていました。

禅も学んでいました。

クラシックの愛好家で、小澤征爾《おざわせいじ》さんをリスペクトしています。

ここが成金と違うところです。

そのことが、その後のコンピューターを圧倒的に変えていくことになるのです。

コンピューターは便利であればいいので、デザインなどは必要のないものでした。

それが変わったのが80年代です。

80年代は、デザインの価値を学ぶ時代でした。

その時代、日本はお立ち台で踊っていて、そのまま通り過ぎていったのです。


フランスやイタリアには、「デザインで食べていく」という考え方がもともとベースとしてあります。

日本の1万円のランドセルは、イタリアに行くと13万円です。

デザイン化されて、大人が使ってもオシャレです。

機能ではなく、デザイン力で売っているのです。

一生モノの「稼ぎ力」を身につける新ルール

14

学びで文化力をつけよう。

80年代の日本では、デザインはオマケで、雑費ぐらいの扱いでした。

「デザインで稼ぐ」という発想は、本来は大阪万博の時に気づかなければいけなかったことです。

それを日本はバブルの時代が終わるまで気づかなかったのです。

70年代の省エネ、80年代のバブルの2つで、日本は「コストを削減する」「できるだけ働かないで食べていく」という間違った考え方が浸透しました。

80年代に、アメリカと日本は圧倒的に差がついてしまったのです。

15

学ぶ時間をお金で買う人が、稼げる。

その国の未来を考えた時に、大きな分かれ目は、子どもに学習意欲があるかどうかです。

子どもの学習意欲は、親から習慣的に伝わります。

親が勉強好きなら、子どもも勉強します。

明治維新で日本があれだけ急激に伸びることができたのは、江戸時代の日本国民の学習意欲が猛烈に高かったからです。

明治になると、小学校が一気に2万校以上できました。

そんなことは、普通はできません。

日本にはすでに寺子屋、私塾、郷学校などの素地があって、それを小学校に変えたのです。

江戸時代の日本は、世界に冠たる識字率でした。

討幕の旗頭になった薩長土肥の諸藩は、どこも勉強に力を入れていました。

江戸幕府が260年も続いたのは、徳川家康・秀忠・家光の時代に勉強にムチャクチャ力を入れたからです。


私のサラリーマン時代は、有給休暇をとっていないと、管理部長に「困るよ。休みとってよ」と言われました。

休みがとれないぐらいの仕事の量を出しておきながら、「休め」と言うのです。

「一種のいじめじゃないか」という話です。

会社には「休みましょう」というポスターが貼られていました。

大切なのは、ただ休むことではありません。

休んで勉強することです。

「有給休暇」ではなく、「勉強休み」をとるのです。

15

勉強休みをとろう。

仕事を終えて早く帰るのは、勉強するためです。

北欧では、1日6時間の労働時間を5時間にしようとしています。

今でも短いのに、もっと短くしようというのです。

別にサボっているわけではありません。

仕事が終わった後に勉強しているのです。

そこが日本と根本的に違うところです。

「労働時間が短くていいよね」と言って、労働時間だけ見ていてはダメです。

見るところは、仕事が終わった後に、その人たちが何をしているかです。

個人のレベルで言うと、勉強休みをとれる人はお金の不安がなくなります。

これは社会体制とは関係ありません。

食べていくために生活残業している人は、どれだけやっても不安はなくならないのです。

16

勉強で差がつく。勉強とは、すぐには収入にならないことだ。

すぐに収入になることは、収入が小さくなります。

すぐに収入にならない時間がかかる勉強が、大きな収益になるのです。

日本はアメリカに比べて弁護士が少ないというので、増やすことにしました。

結果、弁護士が増えすぎて、弁護士では十分に食べていけなくなってしまいました。

弁護士のようにとるのが大変な資格ですらなかなか食べていけないのに、2日でとれる資格で食べていけるわけがありません。

手に入れるのに時間がかかればかかる能力ほど、そのことで食べていけるので不安がなくなります。

回収までに時間がかかるものの方が、収入は大きくなります。

これが、お金の原則です。

今日手に入るお金よりも、1年後に手に入るお金の方が、はるかに大きいのです。

お金に不安がある人は、今日入るお金に飛びついてしまいます。

それは結果として、未来のお金を前借りして利子を払っているのと同じです。

「焦っている」というのは、こういうことです。

そうなると、すでにお金を持っている人の勝ちです。

今日焦っている方が負けです。

大金持ちでない人がすぐ手に入るお金に手を出したら、大金持ちには永遠に勝てません。

大金持ちが、お金のない人から巻き上げるのが、あらゆるギャンブルの原則です。

一生モノの「稼ぎ力」を身につける新ルール

16

すぐに収入にならない勉強をしよう。

仕組みは、きわめて明確です。
ギャンブルの定義は、すぐにお金が手に入ることです。
仕事は、すぐにはお金になりません。
よく出てくる重要性と緊急性のグラフがあります。
緊急ではない重要なことをすることで、不安がなくなります。
ほとんどの人が、重要ではない緊急なことに飛びつきすぎです。
緊急で重要なことは、誰でもするから問題はありません。
緊急でも重要でもないことは、誰もしないからまったく考える必要はありません。

勝負は、緊急ではない重要なことを、日々どれだけ集中してできるかどうかなのです。

17

情報に、惑わされない。「流行でないこと」が稼げる。

情報化社会で情報が手に入れば入るほど、不安は増大します。不安を持っている人は、流行に敏感な人です。

「○○が流行っている」と聞くと、今していることをやめて、「あっちの方が儲かりそうだ」と思って、そちらへ動きます。

また新たな流行が起こると、今やりかけのものを放り出して、そちらへ動くということを繰り返します。

情報化社会で情報に引きずりまわされる人は、もっとラクに儲かることを探し続けるのです。

「ラクに儲かること」で検索をかけると、ネットではいくらでも上がってきます。

同時にアドレスを登録すると、その人の情報は先方のリストに載るので、ラクに儲かる情報がどんどん集まります。

それは、詐欺のカモのリストに入ってしまったからです。


インターネットは、使い方によっては猛烈に勉強できる素材です。

でも、それをラクに儲かる情報を集めるために使うと、詐欺のリストに載ってしまう危険があるのです。

不安にならないためには、そもそも流行でないこと、儲からないことをすればいいのです。

そうすれば、「こっちの方が儲かるよ」という誘いには乗らなくなります。

出版のいいところは、そもそも儲からないことです。

江戸時代の版元・蔦《つた》屋《や》重三郎《じゅうざぶろう》の時代から出版業は儲かったためしがないのです。

蔦屋重三郎も、道楽でしていたことです。
江戸時代の北斎、写楽の時代から、まったく儲かっていないのです。
儲け話は、お金に不安のある人がターゲットです。
儲からないこと、流行でないことをすることが、不安にならない方法なのです。

一生モノの「稼ぎ力」を身につける新ルール

17

「流行でないこと」をしよう。

18

知識・経験・友達力で、お金の不安はなくなる。

外国人向けの観光ガイドになりたいという人がいました。
その人に必要な能力は、「知識」「経験」「友達力」の3つです。

「知識」とは、情報ではありません。
ネットに載っていなくて、自分で勉強したことです。

旅行者は、旅行前にネットで調べてきています。
ネットに出ているのは、知識ではなく、情報です。
ネットは膨大な情報が載っているようですが、実はごく一部です。
それは図書館に行けばわかります。

本の情報量はすごいのです。

私は美術館に塾生を連れて行って、美術の解説をしています。

みんなは事前にネットで調べてきています。

イヤホンガイドも聞いています。

私の話すことは、そこには出てきません。

「どのサイトで調べているんですか」と聞かれますが、サイトではなく、本を読んだのです。

それが私と塾生との知識の差です。

ネットの世界がほぼすべてを網羅しているというのは、大きな勘違いです。

ウィキペディアの情報でガイドをしても、お客様に「それはウィキペディアに載っていて、プリントアウトしてきました」と言われます。

次はその人にガイドを頼まなくなるのです。


「経験」もネットには出ていません。

他人の経験は、自分の経験ではありません。

自分が、その場で、どれだけ数多くの失敗をしてきたかが「経験」です。


ネットに載っているのは成功例だけです。

失敗例は載っていません。

定休日は載っていますが、突発的な臨時休業の日は載っていないのです。

それは経験を踏まえないと対処できないことです。

ネットに出ている情報は、経験の1万分の1です。


ネットには飛行機の運航状況は出ています。

ただし、目の前で欠航になる情報は出ていません。

ネットで「通常どおり」と出ていても、当日、空港へ行くと、突然、機体の故障で欠航になったりするのです。

ここでツアコンさんが「ネットに出ていなかった」と言ったら、おしまいです。

ここでどういう対応策を立てられるかが、経験です。

そんなことを何度も経験すると、突然のトラブルも全然平気になります。

どんなにネットが完璧でも、突発的に起こったことには対応できないのです。


「友達力」イコール「人脈力」ではありません。


友達とは、電話をかけて頼み事ができる人です。

頼み事は、名刺交換したことがある低レベルの人脈ではできません。


これが「友達」と「人脈」との違いです。

「○○さんに会ったことがある」というレベルのものでは、役に立たないのです。

美術館に行くと、たまたま友達の学芸員さんがいました。

私は、その学芸員さんに美術の説明を頼みました。

これができるのが友達力です。

「パーティーで名刺交換したことがある」というだけで「人脈」と言う人がいますが、向こうはその人のことなど覚えていません。

これが「人脈」という言葉のうさんくささです。

人脈を語る時に、関係性がきわめて薄い有名人を挙げても、それは使い物にならないのです。

飲食店に連れて行ってもらった時に、その人がご主人と友達かどうかは、連れの人は一発で見抜きます。

少しムリなお願いごとができるのが友達力です。

ただ知っているだけでは、そんなことはできません。

本当の意味で、知識・経験・友達力をつけた人が、稼げる人になれるのです。

一生モノの「稼ぎ力」を身につける新ルール

18

知識・経験・友達力をつけよう。

19

もっと稼げる人は、専門外の知識・経験・友達力がある。

専門の勉強だけしていても、本当の知識は生まれません。

絵の解説も、美術の本を読んでいるだけでは限界があります。

大切なのは、まったく関係ない本をどれだけ読んでいるかです。

一つの絵が歴史や地理とつながることもあります。

まったく関係ないジャンルとつながることで、その人にしかできない面白い解説になるのです。

ふだんから専門分野のことだけ勉強している人は、その専門分野の中で勝ち残れません。

専門外の知識とリンクして語れる人が、専門分野で頭ひとつ抜け出すのです。

一生モノの「稼ぎ力」を身につける新ルール

19

専門外の知識・経験・友達力をつけよう。

20

大きくしようとすると、稼げない。「小さく・深く・長く」が、稼げる。

これからフリーランスで自営業を始める人も不安を持っています。
フリーランスの人は、どうしても大手企業の人と勝負することになります。
フリーランスだろうが、大手企業だろうが、同じ土俵です。
格闘技には体重別があります。
フリーランスの世界は、すべて無差別級です。
これが不安なのです。
大手企業が持っている人的資源とお金は、ケタはずれです。
それに対して、一個人が勝負できるのが「小さく・深く・長く」です。
「小さく・深く・長く」は、大手が手を出さないところです。

めんどくさいこと、儲からないこと、手間ばかりかかることは、大手は最も苦手です。

大手は、効率よく大きくやりたいのです。


フリーランスで自営業をする時は、大きくやろうとした瞬間にしくじります。

たとえば、整体院を始める時に、ベッド数を増やして何店舗も展開しようとすると、大手には勝てません。

まず、ベッドは1台にします。

受付も自分がします。

できるだけミニマムな形にするのです。

患者さんも1人です。

そのかわり、その1人の患者さんに対して徹底的にします。

これが「深く」ということです。

その患者さんと「長く」つきあうのです。

これが大手に勝つための方法です。
この方法で成功しても、大手は乗り込んでこないのです。
真ん中ぐらいというのが、一番弱くなります。
中途半端は、小さいところにも大きいところにも勝てません。
勝負は、どれだけ「小さく・深く・長く・狭く」できるかです。

京都のカウンター割烹《かっぽう》は8席です。
この「8」という数字が面白いのです。
本当は10席あるのに、お客様が8人の時に、あえて残り2席を埋めないのです。
不安になる人は、残り2席も埋めようとします。
インターネットで「残数2　直前申込で、お安くします」という形になるのです。

ネットに慣れている人は、残数が間もなく出ること、当日まで粘れば値段が下がることを知っています。

それで直前に申し込んで、安い料金で来るのです。

その人たちは効率で来た人たちです。

そこにリスペクトはありません。

店の雰囲気も悪くなって、前から来ていた8席の人たちも来なくなります。

割引で来た人と正規の料金で来た人を一緒にすると、割引のマナーの悪い人たちが正規の人たちを追い出す形になるのです。

カウンター割烹が8席なのは、来ない2席を捨てられるからです。

そのかわり、ゆったり座れる形をつくっているのです。

今は、お店がお客様を選ぶ時代です。

一歩間違うと、「席を20席、30席に増やせば、もっと儲かる」という形にして、かえってお客様が来なくなるのです。


一生モノの「稼ぎ力」を身につける新ルール

20

「小さく・深く・長く」しよう。

21

結果を焦ると、不安になる。「結果を焦らないこと」で、結果に近づく。

お金に対して不安になると、どうしても結果を焦り始めます。
早く手に入ることばかりしようとして、ますます焦ります。
焦れば焦るほど、結果は遠ざかるのです。
結果を焦らない方が、結果は早くやってきます。
これは精神的にも現実にも言えることです。
いかに結果を求めないことをするかです。
ダンススクールに「何回来れば踊れるようになりますか」と聞く人が来ます。
この人は習いごとが続かない人です。
「そんなこと言ったら、何十年も来ている人はどうなるんだ」ということです。

一生モノの「稼ぎ力」を身につける新ルール

21

「結果を求めないこと」をしよう。

習いごとが続く人は、最初にそういうことを聞かないのです。
「〇〇回コース」という設定をしているダンススクールもあります。
その方が検索で来る人が増えるからです。
それはお客様扱いで、生徒ではありません。
サービスマンとお客様の関係です。
そのコースが終わると、「大体わかりました」と言ってこなくなります。
集客発想は、次から次へと人を集めなければならないので、不安になるのです。
先生と生徒の関係には「〇〇回コース」はありません。
「ずっと続けますから、先生も長生きしてくださいね」という関係です。
そこには不安も何もありません。
これが「結果を焦らない」ということなのです。

22

えり好みをする人は、不安になる。何をしてでも食べていくという覚悟がある人は、不安にならない。

不安な人は、自分探しが好きです。

自分探しをしている人の特徴は、えり好みをすることです。

「編集の仕事は面白いですか」「作家の仕事は面白いですか」と聞くのです。

それは、「もっと面白いことがあるのではないか」と、不安になるからです。

面白くないことにぶつかった時に、「しまった。こっちよりあっちの方が面白かったかもしれないな」と、後悔するのです。

そういう人は、「何をしてでも食べていく」という覚悟の人には勝てません。

私の親の世代は戦争を経験しています。

「何をしてでも食べていかなければ生きていけない」という世代なので、これまた強いのです。

成熟社会は、道で寝転がっていても飢え死にしない豊かな社会です。

道で寝転がる必要すらありません。

マンガ喫茶では、1カ月5万円くらいで生活できます。

軽食もドリンクもシャワールームもあります。

足は伸ばせませんが、寝られるし、ネット環境もあります。

なんでもそろっているので、それ以外のお金はいりません。

こういう環境では、好きとか嫌いとか、めんどくさいとか、わずらわしいとか、「人間関係がちょっと」とか、人間はどうしてもえり好みするようになります。

えり好みの一番の原因が人間関係です。

一生モノの「稼ぎ力」を身につける新ルール

22

えり好みしない。

「楽しいことはしたいけど、楽しくないことはしたくない」となると、できることはなくなります。

一つの楽しいものの中には、楽しくないこともたくさん入っています。

織り込み済みの9割の楽しくないことをすることで、楽しいことができるのです。

えり好みすることが、その人の不安を生み出します。

楽しくないことに出会った時に、「しまった。もっと楽しいだけのことがあったに違いない」と考えて、それを一生探しまわって終わるのです。

23 外的要因のせいにする人は、稼げない。自分要因として改善する人が、稼げる。

うまくいかなかった時に自分の中に原因を求める人は、「今度はここを改善しよう」と考えます。

この人が稼げるようになる人です。

スポーツとか習いごとでは、誰でも自分をきちんと反省します。

仕事になると、突然、外的要因を口にするのです。

ゴルフがうまくならないからといって、「一緒にまわった人が悪かった」「キャディーさんが悪かった」「コースが悪かった」「風が悪かった」「クラブが悪かった」「教えている人が悪かった」と言っているのと同じです。

一生モノの「稼ぎ力」を身につける新ルール

23

稼げない原因を自分に探して改善しよう。

「自分は」は、何もないのです。

外的要因のせいにしていると、みずからの反省はまったくなくなります。

稼げない原因を自分の中に探す人は、改善します。

外的要因に持っていった人は、改善しません。

「私は悪くないのに、毎回稼げないし、アクシデントや自分に不利なことばかり起こる。私はなんてついていないんだろう」と考えて、反省も進歩もないのです。

CHAPTER

3

お金の不安がない人は、安定よりリスクをとる。

24

リスクから逃げて安定をとる人は、稼げない。リスクから逃げない人が、稼げる。

不安になる人は、自分でリスクをとらない人です。
そのわりに、リスクをとった人に文句を言うのです。
リスクをとることに対して、収益が来ます。
リスクをとらない人には収益は来ないのです。
リスクをとらない人は安定をとっています。
安定をとるか、収益をとるかのどちらかです。
収益はリスクとセットです。

たとえば、クルマ5台ぐらい置ける空き地で駐車場を経営することにしました。

どれくらい儲かるか、クルマは何台置けるか、値段の設定はどうするか、故障があった時は呼ばれて行かなければならないなど、いろいろなリスクがあります。

道をならしたり、それなりの設備投資も必要です。

そこまでして借り手がつかないというリスクもあります。

1カ月当たりの売り上げは読めないのです。

駐車場の運営会社に貸すと、1カ月いくらで借りてくれます。

これが「リスクをとらない」ということです。

1台も駐車されなくても、運営会社からの収入が入ります。

運営会社側は、どうしたら駐車してもらえるか、ムチャクチャ考えます。

リスクをとっているからです。

幾多の失敗をしながら、ノウハウをためていくのです。

賃料を払ってでも、ちゃんとプラスになる必要があります。

一歩間違うと、赤字になります。

損益分岐点を超えなければ、運営会社側の赤字です。

そのリスクを背負っているのです。


これは雇う側と雇われる側の関係も同じです。

雇う側は、常に赤字になる覚悟を持っています。

雇われる側には赤字の概念はありません。

会社が儲かろうが儲かるまいが、給料は必ずもらえます。

どんなに会社が赤字でも、「給料はちゃんと払ってもらわないと困るぞ」と言うのです。

これはリスクをとっていないからです。

リスクをとらない人は、たとえば駐車場の運営会社が稼いでいると、「いつも満車で一カ月当たりこんなに稼いでいるのに、自分のところの取り分が少ない」と文句を言うのです。


文句が不安を生み出します。

一生モノの「稼ぎ力」を身につける新ルール

24

リスクから逃げない。

不安のもとは、「自分は損しているのではないか」という感覚です。

駐車場のコンピューターシステムをつくり上げるのに、莫大なお金がかかっています。

それだけリスクを背負ってやっているのです。

そこは見えていなくて、うまくいったら文句を言うのです。

それが「損している感」です。

リスクから逃げれば逃げるほど、不安だけが残るのです。

25

安定をとると、不安になる。リスクをとると、不安にならない。

いまだに大卒の就職企業の人気ランキングの基準は「安定した企業」です。

安定した企業に行っても、不安だけが残ります。

「安定だと思ったのに、リストラってどういうこと？」となるのです。

日本人は安定志向が強いのです。

しかも、いい大学を出た優秀な学生ほど一流の安定企業を目指します。

これが日本とアメリカとの根本的な違いです。

日本人は、自分で会社をつくろうとは、あまり思いません。

これが日本の活性化を阻害しています。

たしかに、日本はアメリカよりも独立するための支援インフラは少ないです。

それ以上に、そもそも独立しようと思わないから、インフラが整わないのです。

アメリカのハーバード大学やスタンフォード大学を出た優秀な学生は、これから伸びていくユニコーン企業に入ります。

ベンチャーなので、明日吹っ飛ぶかもしれません。

そんな企業に優秀な学生がどんどん入っていきます。

彼らは最初からリスクをとっているので、不安はないのです。

ここで面白い現象が起きます。

安定をとるから不安になって、最初からリスクをとるから不安はないのです。

結婚も同じです。

たとえば、キャビンアテンダントさんは、お客様からよく「うちの息子の嫁に」と言われるそうです。

キャビンアテンダントさんは、家庭的で、家でいろいろ尽くしてくれそうと思われるからでしょう。

結婚しても、だんなさんの期待値が高すぎて、普通にしているのに、「思ったほど家庭的なことをしてくれない」と、文句を言われるのだそうです。

それは、男性が期待値を勝手に上げていただけです。

最初から「このコはワガママだから、家庭的なことはムリだろうな」と思っている女性と結婚した方が、最初の期待値との落差で「意外にちゃんとやるじゃない」ということにもなるのです。

期待が高すぎることで、不安になるのです。

一生モノの「稼ぎ力」を身につける新ルール

25

リスクをとろう。

26

可もなく不可もなくの仕事には、次の依頼は来ない。

一つの仕事が終わって、次の仕事が来るかどうかを待っている間は不安です。

就職試験の面接でも、通るか通らないか、不安で寝られないのです。

心配ありません。

その人は落ちています。

通った人は、その場で次の予約をとっています。

落ちた人は、「後日ご連絡します」と言われます。

これが仕事の原理です。

仕事の成果は、「ありがとうございました」と言われて、お金を振り込まれることではありません。

その仕事が終わった時点で、即、次の依頼があるかどうかです。

「次はこれをお願いしたいんですが」と言われたら、合格です。

「そのうちまた何かやりましょう」と言われたら、不合格です。

それが現実なのです。

相手は、感じが悪くならないように「そのうち何かやりましょう」と言っているだけです。

言われた側は、「そのわりにはなかなか連絡が来ない」と、ドキドキしています。

「落ちた」とわかれば不安はありません。

落ちたら改善すればいいのです。

通るのか落ちるのか、ヒヤヒヤしている状態が不安なのです。

落ちた原因は、不可だったからではありません。

「可もなく不可もなく」だったからです。

アンケートをとると、5点満点で「5」で、「非常に満足しました」と書いてあります。

「ありがとうございました」と言って、お金も払います。

それは嫌われたくないからです。

その後も一緒に仕事をしたいなら、むしろ「ここを改善してもらいたい」と、厳しいことを書いてくれます。

今後かかわりたくない人には、厳しいことは書きません。

「可もなく不可もなく」という時点で、次はないのです。

エステで「可もなく不可もなく」と言われるのは、合格ではありません。

エステのお店はたくさんあります。

可もなく不可もなくなら、よそへ行くのです。

本は、まさにこの世界です。

可もなく不可もなくの内容では、次は読んでもらえません。

圧倒的に面白いものがあって、初めて「この著者の本をまた読もう」「この出版社の本をまた読もう」という気持ちになるのです。

アンケートで、「友達にも勧めたい」とか、5点満点で5点と書いてあっても、次に来てくれるとは限りません。

「可もなく不可もなく」で自分に合格点を出す人は、ここで「なんで来てくれないのだろう」という不安が生まれるのです。

一生モノの「稼ぎ力」を身につける新ルール

26 その場で次の仕事が来なかったら、不合格として改善しよう。

27

給料が安いと感じる人は、会社が払ってくれている見えないお金に気づいていない。

「自分は給料が安いのではないか」

「フリーランスだったら、もっとボロ儲けができるのに」

「会社に搾取《さくしゅ》されているのではないか」

と考えることが、お金に対する不安です。


「自分はもっと稼いでいるはずだ」と言う人は、会社が自分にどれだけのお金を直接間接に払っているかに気づいていません。

間接で払ってもらっているお金は、まったく見えていないのです。

これは親に対する甘えと同じです。

ひとり暮らしを始める時に、最初にビックリするのは水道光熱費を払わなければいけないことです。

今まで、そんなことは気にしたこともありませんでした。

引っ越し先では、頼まないと、電気も水道もガスも来ません。

光熱費の支払いが遅れたら、確実にすぐとまります。

今まで光熱費や税金を親が払ってくれていたことに、ここで初めて気づくのです。

会社は、社会保険料など、もろもろのお金を肩がわりしてくれています。

給料を手取りだけで考えると、それに気づきません。

「手取りでこれだけしかもらっていない。自分はもっと働いているはずなのに」と思うのです。

実際は、自分の机のスペースにも家賃がかかっています。

それは水道光熱費よりもっと高いのです。

独立したときに、初めてそれに気づきます。

一本のボールペンでも無料ではありません。

自分が経営する側にまわると、付箋もノリがつかなくなるまで使い倒します。

コピーの失敗もムダづかいなのです。

縦と横を間違った時は、すごいムダづかいをしたような感じがして落ち込みます。

サラリーマンの時は、縦横を間違って10部ぐらいコピーしてしまっても全然平気です。

「どうせ経費で払うんでしょ」と思っているからです。

トイレットペーパー一個にも、お金がかかります。

それまで会社にありがたみを感じていなかった人も、自分で会社を経営して初めて「会社が払ってくれていたんだな」と気づくのです。

経営者になって社員を抱えるようになると、社員は休みの日にも給料をもらっていたことがわかります。

「休みが足りない」と言いますが、逆なのです。

休んでいても、そこには家賃がかかります。

経営者になると、感覚がまったく変わるのです。

サラリーマンでも、仕事ができて不安がなくなる人は、経営者のマインドがある人なのです。


一生モノの「稼ぎ力」を身につける新ルール

27

会社への甘えに気づこう。

28

会社の恩恵に気づけない人は、不安になる。

会社の恩恵に気づくのは、辞めてからです。
日本は会社の恩恵が大きいのです。
日本の会社のデメリットは、ムダな時間がかかることです。
給料も、頑張ったからといって、額にはそんなに反映しません。
そもそも、新入社員の給料と社長の報酬との倍率がたいして変わらないのです。

これはアメリカでは考えられないことです。
日本の会社は、緩やかな保険制度です。
会社に入るということは、保険に入ったということです。

「〇〇の社員です」と言うと、マンションが借りられます。

フリーランスは、家賃がそんなに高くないところでも借りにくいものです。

ローンを組むことも簡単ではありません。

日本の法律では、いったん入った人を追い出すのはなかなかできないからです。

日本は住んでいる人の権利が強いので、大家側としては保証のない人には貸したがらないのです。


私の家も大家をしていたので、それはよくわかります。

定収入がある会社員なら安心です。

会社員はクレジットも組みやすいのです。

フリーランスはクレジットカードも簡単にはつくれないので、今のカード社会では生きにくくなるのです。

会社員のうちにできるだけしておいた方がいいことは、ほかにもたくさんありますが、まずは引っ越しとクレジットカードをつくることです。

そうしないと、会社を辞めた時に、引っ越しもできないし、カードもつくれなくなってしまうのです。

一生モノの「稼ぎ力」を身につける新ルール

28

引っ越しとクレジットカード作成は、辞める前にしておく。

29

仕事がない時が、勉強をするチャンスだ。

仕事がない時に、「仕事がない、ない」と文句を言わないことです。

仕事がない時こそ勉強をするチャンスです。

中小企業の経営者が集まる勉強会に行くと、「景気が悪いんです」という話ばかりしているのです。

発注がない時にこそ、自分たちのオリジナル商品を研究開発するチャンスです。

ドラマ『陸王』に出てくる足袋の老舗が、ランニングシューズをつくるのと同じです。

それは、発注がない時だからできるのです。

発注がある時は、新商品開発をしているヒマがありません。
中小企業という考え方も変える必要があります。
中小企業は、大企業になる途中の段階ではありません。
「中小企業」は「専門企業」です。
「大企業」は「総合企業」です。
この位置づけで専門企業を考えるなら、不景気であることはチャンスなのです。
注文が来ない時は新商品開発の勉強をする機会です。

企業体においての新商品開発は、個人のレベルに置きかえると勉強です。
新たなものを生み出すのは、仕事がヒマな時にしかできません。
サラリーマンは、会社がヒマになると「早く帰れ」と言われます。
「定時で帰れ」と言われている時が一番勉強できる機会です。
仕事が忙しい時には、そんなことをしているヒマはありません。
この時に遊んでいる人と勉強している人とで圧倒的な差がつきます。

29

仕事がない時に、勉強しよう。

「仕事がない、ない」と怒るヒマがあるなら、せっかく与えられたチャンスと考えて、勉強すればいいのです。

「仕事がない」と言う人は、忙しくなると「忙しくて勉強しているヒマがない」とまた文句を言います。

この勉強は、前述した即仕事につながる専門の知識・経験・友達力と、専門外の知識・経験・友達力をつけるものです。

専門外の勉強は、芸術も含めて、何からでも学べます。

「これをしたらどういうメリットがあるか」ということは考えなくていいのです。

30

友達は、信用から生まれる。

友達と人脈とは違います。

信用があるのが「友達」です。

知っているだけで信用の伴わないものを「人脈」と言います。

大切なことは、お金よりも毎日の仕事を通して信用をつくっていくことです。

今日の売り上げをつくるよりも、「この人とは一生仕事をしよう」という信用をつくることです。

たとえば、本の打ち合わせをする時に、その企画が通るか通らないかは問題ではありません。

「会社でボツになりました」と言っても、編集者と著者の間の信用が生まれていれば未来はあります。

どれだけお金に結びついても、信用を失ったら、その回収だけで終わりです。

ボールはそこでとまってしまうわけです。

いかにボールをとめないで投げ続けられるかが勝負です。

お金より信用をつくり出したり、人脈でなく、信用のある友達関係にしていくことがその人の財産になるのです。

たとえば、出会いでも、メリットを介した利害の成り立つ話しかできない関係は、信用になりません。

メリットを媒介しているからです。

メリットから離れると、次は何を自分の信用にしようかと考えるのです。

Aさんが上場してストックオプションでお金持ちになりました。

Aさんは友達がいないので自分に信用をつけようと思って、全部高いモノを身につけました。
Aさんと話すと、教養のないことがわかりました。
高い時計を持っていても、その時計の歴史を語れないのです。
言うのは値段だけです。
その時計は、職人さんや会社の歴史という物語を持っています。
時計好きの人は文化の話をしたいのです。
Aさんはそれができないのです。
値段の話しかできないAさんからは、人が離れていきます。
そのため、Aさんはいつもひとりぼっちです。
せっかくお金を稼いだなら、勉強すればいいのです。
「これ、いくらなんだ」と値段しか言わない人は、話していて面白くありません。
Aさんは大金持ちになっても、ご夫婦で二人きりです。
奥さんも同じように勉強しないから友達ができないのです。

友達は文化の話から生まれます。

『釣りバカ日誌』も、釣りという文化で、社員のハマちゃんと社長のスーさんが友達になりました。

教養は、離れた地位を飛び越えるのです。

その一つの文化の中では平等なので、会社での職位は関係ありません。

どれだけ教養を身につけたかで、先生と生徒は逆転します。

勉強をすることによって、その人の生き方のチャンスが変わるのです。

30

お金より、信用をつくろう。

31 利益がなくても、取引の回数が、信用になる。

信用は、利益では生まれません。

一緒に仕事をして儲かったかどうかは関係ありません。

儲かっても儲からなくても、回数、長さで信用が生まれます。

儲からなかったことを何回していたかで信用が生まれるのです。

儲かったことを1回だけしても、1回儲からないと切れる可能性があります。

「儲からなかったけど面白かったね」「勉強になったね」ということをし続けると、儲からなくても関係は続いていきます。

儲からない関係をどう続けていけるかが勝負です。

たとえば、本は、売れるものもあれば売れないものもあります。

一生モノの「稼ぎ力」を身につける新ルール

31

利益より、継続的な取引をしよう。

私は、まず編集者のアベレージを上げるために、工夫します。

そうすることで、編集者がしたいことをしやすい状況にできるチャンスをつくるのです。

時には「これは売れにくいんじゃないかな」という本をつくって、勝負に出ることもあります。

それが当たる場合もあります。

はずれたら、アベレージを上げるために、また売れるような本をつくります。

そんなことを考えても何が売れるかなんてわかりません。

たとえ売れなくても文句を言わないで、長期で継続的な関係をつくることが大切なのです。

32

「借金がない人」より、「借金をコツコツ返す人」が信用される。

信用は、借金のない人にあるのではありません。

借金がないことが信用にはなりません。

借金があっても、コツコツ返している人は信用が生まれるのです。

借金のない人は、いざ借金をした時に、返すかどうかという実績がわかりません。

借金はあるけれども、毎月コンスタントにコツコツ同じ金額を同じ日に納めているというのは、借金がない人よりも信用できるのです。

金融機関はこれを見ます。

32

借金をコツコツ返そう。

過去に借りたことのない人は、お金を返すかどうかがわからないのです。

たとえば、自営業で喫茶店を始めて、今は一部上場企業の社長になった人が、最初のころ毎日、売り上げを銀行に入金に行きました。

毎日入れなくてもいい売り上げを毎日入れているというコツコツ性は、一番信用になります。

お金に対しての信用は、コツコツ性なのです。

儲かった時にドンと入れて、あとしばらく間があいているというのは信用にならないのです。

33

独立すると、上司に比べて、お客様の求めることは無限に増える。

サラリーマンをしていて、「会社員からフリーランスになるかどうか」と考える人がいます。

この人は、上司に対していろいろな不満があるのです。

会社にいると、「あれもしろ、これもしろと無限にいろんなことを言ってきてうるさい」と思いがちです。

独立すると、それどころの騒ぎではありません。

フリーランスになると、お客様から「あれをしろ、これをしろ」と言われる要望が無限に来ます。

会社の上司が「あれをしろ、これをしろ」と言うのは、コンプライアンスのすごく限られた範囲の中でしかないということなのです。

会社の中で起こらない事態が、独立すると起こります。

これは、独立する人に対してビビらせているのではありません。

「今会社にいる人は、こんなに守られているんだよ」と気づいてほしいのです。

上司から無限にイヤなことを押しつけられるというのは、思い込みにすぎません。

実際は、会社にいる人は、セーフティーネットでいろいろなことから守られているのです。

一生モノの「稼ぎ力」を身につける新ルール

33

会社で守られている幸せに感謝しよう。

CHAPTER

4

お金の不安がない人は、今に全力投球している。

34

今の会社でうまくいかない人は、他の会社でもうまくいかない。仕事を変えても、うまくいかない。

「今の会社でうまくいかないので、よその会社に移ったらうまくいくんじゃないか」と思う人がいます。

今の会社でうまくいかない人は、よその会社に行ってもうまくいきません。

「今の業界でうまくいかないから、業界を変えたらうまくいくんじゃないか」と思う人もうまくいきません。

すべての会社、すべての業界で必要な力は共通だからです。

必要な力は、技術力ではなく「人間力」です。

業界で変わるのは技術です。

ベースとしての人間力はすべての業界で同じで、技術力の勝負ではないのです。

たとえば、**旅行ガイドさんは、ガイドの知識よりも、「面白くて、旅行と関係ない話でもこの人と一緒にいたい」と思われる人が指名されます。**

これが人間力です。

どんなに技術を磨いても、人間力がついていなくて、「その技術以外の話をしたら、この人は何も面白い話が出てこない」と思われる人がいます。

そんな人のツアーのバスには乗りたくありません。

何を見たかまったく覚えていない、写真も一枚も撮っていない、バスで「目的地に着きましたけど、降りますか」と言っても「降りないであなたと話していたい」と言われるような人が、ガイドさんとして最高なのです。

「自分がもっと生かせるところがあるかもしれない」「よそのところに行ったらうまくいくかもしれない」という思い込みは勘違いです。

「今の自分はベストなところにいないんじゃないか」と考えることを不安と言うのです。

34

技術より、人間力をつけよう。

そういう人は、どこに行っても同じです。

今以上の結果は出ません。

それは技術の差ではなく、人間力の差です。

人間力のベースになるのが、「音楽は何が好き？」「絵は何が好き？」「お芝居は何が好き？」という文化の話なのです。

その部分を何も知らなくて、「この時計はいくらなんだけど」と、値段の話だけをする人がいます。

ブランドに頼るなら、ブランドの勉強をすればいいのです。

モノの値段より、物語の方が大切なのです。

35

不安解消の無料のヒマつぶしは、お金つぶしをしている。

不安を解消する時に、ヒマつぶしを始める人がいます。

「お金はないけれども、時間はある」というのが、今のサラリーマン社会になってきました。

今は、お金がなくても無料のゲームアプリがたくさんあります。

いい働き盛りのおじさんが、電車の中でずっとゲームをしているのです。

私は、新幹線の中で勉強するのが好きです。

高速移動の乗り物は、テンションが上がるからです。

高速の乗り物に乗ると頭も高速で回転すると、風水でも証明されています。

私は、大阪に行く仕事が月2回あります。

東京から大阪まで乗る新幹線の2時間半は、まったく退屈しなくて、楽しみなのです。

私は東京から鹿児島中央駅まででも「新幹線」で行けます。

新幹線の中は仕事がはかどるからです。

ただ、集中して、ずっと席を立たないのは腰によくないと思って、鹿児島へ行く仕事は仕方なく飛行機に乗ります。

新幹線で隣に乗ったおじさんが、東京から新大阪までの約2時間半、ゲームをしていました。

いい働き盛りのおじさんがグリーン車に乗って、最も集中できる時間帯にゲームをしているのは、不安のヒマつぶしです。

日常の通勤電車の中も同じです。

電車の中でギュウギュウに人がいると不安なのです。

今日あったことや、これからのことを考えると不安なので、ゲームをしてしまうのです。

ヒマつぶしにするゲームの料金が高ければ、「お金をムダづかいしちゃいけない」と思ってガマンします。

今は、ヒマつぶしが無料でできます。

ヒマつぶしをすることでお金つぶしになり、勉強する時間をつぶします。

不安を消すためのヒマつぶしが不安を生み出す、という負のスパイラルに入るのです。

ゲームをする時間に本を読んだり、1分間あれば本の1ページでも読めます。

時間がある時に本を1冊読んでいる人は、「あ、そうか」と精神的に豊かになり、不安が消えていきます。

その結果、「勉強とは、こんなに不安を消すものなのか」と実感できるのです。

一生モノの「稼ぎ力」を身につける新ルール
35

1分を惜しんで、勉強しよう。

36

会社の倒産を心配する人は、自分のクビを心配しない。自分のクビを心配する人は、会社の倒産を心配しない。

「会社が倒産するんじゃないか」と心配する人は、自分がクビになることを心配していません。

「自分が会社をクビになるんじゃないか」と心配する人は、会社の倒産を心配していません。

「働いていない社員をリストラしていかないと会社がつぶれちゃう。でも、自分がクビにならないためにはどうしたらいいでしょう」

「いや、会社がつぶれることより、自分がクビになることが心配だ」

一生モノの「稼ぎ力」を身につける新ルール

36

自分の会社を倒産させないように頑張ろう。

「会社なんかつぶれてもいいから、自分はクビになりたくない」というのはおかしな論理です。

結局クビにならない人は、会社が倒産しないように頑張れる人なのです。

まず会社を儲けさせることです。

それなのに、自分を先に儲けさせようと考え、自分がクビにならないことを優先させ、「給料をもっとくれ」と言うことによって、会社を倒産に追い込んでいるという矛盾に気づかない人がいます。

これは自分の給与明細しか見ていないからです。

会社の貸借対照表と損益計算書を見ないで、「自分の給料から税金がこんなに引かれている」という世界しか見ていないことが不安のもとになるのです。

37

今まで厳しい世界で生きてきた人は、どこに行ってもラク。今までラクしてきた人は、しんどい。

今まで苦労してきた人はどこに行ってもラクなのです。

「○○へ転職しようと思うんですけど、どうでしょうか」と聞く人がいます。

これは、「給料は上がりますか」「休みは増えますか」「仕事はしんどくないですか」という相談です。

「とにかく今の会社がきつくてしょうがない」と言いながら、この相談をするのはおかしいのです。

今の会社が本当にきついなら、次はどこの会社に行っても天国なのです。

私は、会社を辞める時になんの迷いもありませんでした。

当時の会社がきつかったので、次はどこに行っても天国に感じられるからです。

「どこにしようか？」と選ぶ必要がないのです。

「あんなに厳しいところはない。だから今度はどこに行ってもラク」という経験をすることが大切です。

「不安だ、不安だ」と言う人は、今まで本当に厳しいところにいなくてラッキーだった人です。

ラッキーだったということは、アンラッキーなのです。

今までアンラッキーなところにいた人は、その後の人生が、どこに行っても今と比べたらラクになります。

これが、不安がなくなるということです。

温室のビニールハウスで育った人は、後の人生が厳しくなります。

「将来が不安だ」と言う人は、今まで温室にいて幸せだったということなのです。

一生モノの「稼ぎ力」を身につける新ルール

37

しんどいことを、早めに体験しよう。

38

生産性を上げても、稼げない。付加価値をつけることで、稼げる。付加価値は、文化の勉強から生まれる。

働き方改革では、「生産性を上げること」を目標の一つにしています。

生産性を上げるというのは、今まで10時間かかってきたことを5時間ですると いうことです。

生産性は低いかもしれませんが、20時間かけてもっといいものをつくる人たちもいます。

単に生産性を上げても、値打ちは上がらないのです。

上げるべきは、付加価値をつけるということです。

付加価値をつけるには、その人にしかできないものをつくる必要があります。

「作家になりたい」と言う人が、生産性を上げても意味がありません。

読み手にとって、生産性は関係ないからです。

読者は、面白い本や役に立つ本を読みたいのです。

それは、ほかの本に書いていないことです。

どんなにその本が便利でも、ほかの本に書いてあることはNGです。

ほかの本に書いていないことが付加価値だからです。

付加価値を生み出さないと不安は消えません。

たとえば、株・仮想通貨・ギャンブルで稼ぐことは、なんの付加価値も生み出しません。

お金を右から左へ運んでいるだけです。

日本でカジノを解禁にしても、国全体が盛り上がるとは限りません。

ギャンブルは付加価値を生み出さないからです。

日本でカジノが解禁になる問題点として、依存症の人が増えるのではないかという議論が出ているのは間違いです。

本当の問題は、ギャンブルが付加価値を生まないことです。

アメリカや中国でＩＴの新しい物事を生み出したり、フランスやイタリアのデザインを生み出している人たちのように、生み出す人間になっていくことが大切です。

ラスベガスはショーで稼いでいるのです。

ギャンブルだけでなく、ショー・ホテル・レストランの売り上げを立てていけばいいのです。

付加価値は、文化から生み出されます。

個人の問題で考えるなら、「ギャンブルで稼いでいるうちは、付加価値は何も生み出していない」と考えて、ふだんから付加価値を生み出す文化の勉強をしていけばいいのです。

一生モノの「稼ぎ力」を身につける新ルール

38

文化の勉強で、付加価値をつけよう。

39

好きでも、できないことは、憧れ。憧れでは、お金をもらえない。

「好きなことで稼いでいきたい。でも、好きなことでは、なかなか食べられないので不安です」と言う人は多いのです。

「好きだけど、できないこと」は、ただの憧れです。

「世の中には、好きなことで食べていこうという本がたくさんあって、ホリエモンさんは好きなことだけをして稼いでいるじゃないですか」と言う人がいます。

堀江貴文さんが努力しているように、自分もできるようになればいいのです。

稼げるようになるためには、できることを勉強で身につけます。

ただ「好きだ」というのは単なる憧れです。

憧れは、お客様にしかすぎません。

「ディズニーランドが好きだ」というのはいいのです。

サービスする側になると、お客様とは違い、大変なノウハウを勉強しなければなりません。

ディズニーランドのショーで踊るダンサーのオーディションは難しいです。

オーディションのための予備校もできています。

ディズニーランドでダンサーになるのは難関です。

ダンスのオーディションになかなか通らないのです。

もちろん、ディズニーランドで働き始めてからもトレーニングをしますが、お客様にレベルの高いものを見せないといけないので、最初からある基準に達している必要があります。

その基準に達しない人は、憧れたままお客様として行けばいいのです。

客で行くのと、働くことは圧倒的に違います。

まず、この違いに気づくことです。

一生モノの「稼ぎ力」を身につける新ルール

39

できることを、勉強で身につけよう。

「自分はずっと客として行っていたから働けるはずだ」と思うのは勘違いです。

どんな仕事でも、客として行くのと、働くサイドでいるのとは天地の開きがあります。

本が好きだから、本が書けるわけではありません。

本を読むのが好きなことと、本を書くこととはまったく違うレベルです。

本は好きに読めばいいのですが、書くためにはコツコツした作業をしなければならないのです。

40

年齢は関係ない。仕事ができるか、できないかだ。

不安の中には、「自分はもうこんな歳なのでチャンスがない」と、年齢に対するものもあります。

転職では、一般的に35歳までという基準があります。

「転職しようと思うんだけど、自分はその年齢を超えているので」と言う人がいます。

実際には、能力のある人は採用になります。

年齢は関係ありません。

若くても能力がなければ採用にならないし、基準の年齢を超えていても能力があれば採用になります。

一生モノの「稼ぎ力」を身につける新ルール

40

年齢のせいにしない。

「自分はもうこんな歳なので、なかなか採用にならない」「面接で通らない」と言うのは、能力のなさを年齢に責任転嫁しているだけです。

「だって、自分より若い人が通っているから」と、自分より年上の人も通っているところを見ないのです。

それは、単にわかりやすい言いわけを年齢に置きかえているだけなのです。

41

お金の不安を持つ人は、お金の不安を持つ友達ができる。

お金の不安を持っていると、「お金の不安を持つ友達」が集まってくるのです。

そうすると、まわりで話している情報がお金の不安に対しての情報ばかりになります。

それによって、ますます不安が増幅します。

グチ・悪口・ウワサ話のネットワークができ上がります。

傷をなめあうだけで、そこから抜け出す付加価値のある学びは何も出てきません。

他者への責任転嫁の情報だけがグルグルまわります。

勉強してそのグループを抜け出さない限り、不安の情報しか入ってきません。

一生モノの「稼ぎ力」を身につける新ルール

41

勉強して、勉強する友達をつくろう。

勉強をしていると、今度は勉強する集団の友達ができ始めます。

現状維持はありません。

人生は、上っていく正のスパイラルに入るか、下っていく負のスパイラルに陥るかの2通りに分かれるから怖いのです。

下り始めると、どんどん底なし沼に落ちていきます。

自分と同じ考え方の友達ができるからです。

逆に、上っていくと勉強する友達ができます。

正のスパイラルに入った人は、そこでまた新たな勉強の情報が入ってくるからどんどん学べるのです。

CHAPTER

5

お金の不安がない人は、手放す勇気がある。

42

「次の仕事」を考える人は、稼げない。「今の仕事」に集中する人が、稼げる。

今の仕事やお客様を目の前にしながら、次の仕事が頭の中にちらついていると、今の仕事に集中しなくなります。

そうすると、「もうちょっと今の仕事に集中してよ」と、相手は気づきます。

今の仕事がおろそかになると、次の仕事をつかむチャンスもなくなります。

次の仕事のチャンスをつかめる人は、今の仕事に集中できる人です。

たとえば、今目の前にお客様がいる時に、高いものを買ってくれそうなお客様を見つけてそちらへ飛びついてしまう人がいます。

それでは、「この人はそういうことをするんだ」と感じたお客様から指名されなくなります。

お客様は敏感なので、「今、お店の人の目があっちに向いたな」というのが即わかります。

それによって、お客様は「自分ははじかれた」と感じます。

お互いに「じゃ、私もあなたをはずします」という関係が生まれるのです。

転職も同じです。

転職する時には、まず今の会社へのご恩返しとして、目の前の仕事を徹底的にして、引き継ぎもきちんとします。

転職でうまくいく人とうまくいかない人の違いは、引き継ぎがどれだけ丁寧かで決まります。

「この人は次の会社に行ってもうまくいかないぞ」と思うのは、引き継ぎがアバウトな人です。

新しい会社の人間として来て、いきなり「今度この出版社に入りまして、中谷さん、ひとつまた仕事をよろしくお願いします」と言います。

前の出版社の引き継ぎの人は連れてきません。

まず「今度、彼に引き継ぐので、ひとつよろしくお願いします」と挨拶に来るのが丁寧な引き継ぎをする人です。

「今度、私、この会社に入ったのでこの会社でお願いします」では、前の会社の仕事は誰が引き継ぐかわからなくて、そこでプッツリ途切れてしまいます。

転職した人間もチャンスがなくなります。

前の仕事をきちんと引き継ぐことこそが、その人の信用になるのです。


一生モノの「稼ぎ力」を身につける新ルール

42

次の仕事より、今の仕事に集中しよう。

43

今あるお金を使い切ると、次のお金が入ってくる。

今あるお金を使い切ると、次のお金が入ってきます。

貯金がなくなることを、怖がらなくていいのです。

お金は循環しています。

今のお金がなくならないと、新しいお金は入ってきません。

今のお金をそのまま残しておいて、次のお金を呼び込むことはできないのです。

今のお金が出ていくから、その真空になったところにお金が来るという感覚です。

今あるお金を全部勉強代に注いだ人が、次のお金を呼び込んでいくのです。

最近多いのが、「貯金がなくなったら怖いから」と、貯金を残して自己破産する人です。

貯金があっても、申請すれば自己破産できます。

貯金があって借金をするという人もいます。

貯金がなくなるのがイヤなのです。

そういう人は、貯金はさわってはいけないものとして、カードローン会社から借りるという不合理なことをします。

動かしたくない貯金はさわらないで「お金がなくなった」と言うのです。

実際には、お金はなくなっていません。

「その貯金を使って勉強しなさい」と言いたくなります。

この感覚が雇われている側にはすごく強いのです。

雇っている側にはこの感覚はありません。

それでは、会社経営はできないからです。

とにかくお金を回転させていく資本回転率を上げることが経営では大切です。

資本回転率を1よりも2、2よりも3……と、どんどん上げる会社が儲かっていきます。

これが、雇われている側になると「貯金は手をつけてはいけない」という逆の発想になるのです。

不安な人は、お金に限らず、今持っている何かがなくなるというのが、とにかく怖いのです。

たとえば、レギュラーの仕事があります。

それがなくなることが一番不安なのです。

特に長く続いていれば続いているものほど、なくなるとショックが大きいです。

レギュラーの仕事がなくなるということは、次の仕事が入ってくるチャンスです。

まったくビクビクすることはありません。

レギュラーの仕事がなくなることによって、勉強する時間も生まれます。

そこで一気に勉強すればいいのです。

そうすれば次の仕事が呼び込まれます。

「今の仕事がなくなったのに、次の仕事が入ってこないんですけど」と言う人には、私は「勉強しているか？　勉強しなくちゃダメだよ」とアドバイスします。

今の仕事がなくなった時は、その時間で勉強することで、次の仕事が呼び込まれるのです。

一生モノの「稼ぎ力」を身につける新ルール

43

今あるお金を、勉強に使い切ろう。

44

「解雇された」と言う人は、稼げない。「今まで勉強させていただいた」と言う人が、稼げる。

「解雇された」と表現することがあります。

「解雇された」と言う人は、次の仕事はうまくいきません。

「解雇された」という表現は被害者意識です。

「今まで雇っていただき、勉強させていただいた」と言う人は不安になりません。

「クビにされた」と言うのは間違っています。

中途採用の面接で、「せっかく一生懸命働いたのに、前の会社に解雇されまして」と言う人は雇いたくありません。

辞めたことはわかっています。

「前の会社は非常に勉強になりまして」と言う人を雇いたいのです。

そうしないと、雇った時に自分が同じことを言われます。


前の会社の悪口を言う人はけっこう多いのです。

「今まで前の会社の上司を非常に尊敬していたのですが、クビになりまして」と言う人がいます。

「前は尊敬していたんですけど、今は尊敬していない」という表現になっています。

この言葉づかいは、心の中のホンネがつい出てしまったのです。

前の会社を逆恨みしている人は、次の会社が雇いません。

また、逆恨みされると思うからです。

「解雇された」という表現が、世の中に甘えているのです。

「今まで勉強させていただいた」と言うのが正しいのです。

これは、言葉づかいに気をつけるだけでは直りません。
心から「勉強させていただいた」と思うことが大切なのです。

一生モノの「稼ぎ力」を身につける新ルール

44

前の会社の悪口を言わない。

45

「ドン底」ではない。ゼロなだけ。「できない」ではない。「してなかった」だけ。

「今ドン底なんです」と相談されることがあります。

「ドン底」という表現はおかしいです。

実際は、ドン底ではなく、ゼロなだけです。

「ドン底」と「ゼロ」とは違います。

たとえば、「今まで主婦をしていて、離婚をキッカケに働き始めようと思うんですが、こういう仕事はしたことがないので不安なんです。今ドン底なんです」

と言う人がいます。

それはドン底ではなくて、ゼロです。

スタートです。

なかには「今の仕事が何もできないんです」と言う人がいます。

できないのではなく、今まで勉強してこなかっただけです。

「勉強したけどできない」ならわかります。

「勉強していなくてできない」は当たり前です。

「勉強したけど、こんなところまで落ちた」ならドン底です。

勉強を何もしていないのは、落ちたわけではありません。

「ドン底」という言葉を簡単に使うのは間違っています。

初めての仕事は、ゼロから始めるしかありません。

「何もできないんです」ではありません。

単に、勉強していなかったから知らないだけなのです。

一生モノの「稼ぎ力」を身につける新ルール

45

初めての仕事は、一から勉強しよう。

46

リスペクトする人は、稼げる。リスペクトとは、素直にデメリットを受け入れられることだ。

リスペクトをする人は、不安がなくなり稼げるようになります。

「リスペクト」と「感謝」を、みんな簡単に使いすぎます。

たとえば、「前にしていた仕事は好きな仕事で、上司のことはリスペクトしていたんですけど、女性が多い職場で、上司に気に入られていた私はほかの女性社員からいじめを受けまして……」と言うのはおかしいのです。

リスペクトの本当の定義は、「リスペクトがあれば、ほかのデメリットを素直に受け入れることができる状況」を言います。

「この人のことを尊敬していたら、どんないじめを受けても平気」という気持ちになることです。

リスペクトがなければ、「感謝」という言葉は使えないのです。

「本当に感謝してるんですよ。感謝してるんですけどね……」と言う人がいます。

感謝に「けどね」はおかしいのです。

リスペクトに「けどね」となると、そこで終わりです。

「どんないじめがあろうが、どんなデメリットがあろうが、この人をリスペクトしているから乗り越えられる」というのがリスペクトです。

この人は、デメリットのないところを探しているのです。

リスペクトを探しているのではありません。

デメリットがなくてメリットだけというのは世の中にはありません。

「見つからない、見つからない」と、ないものを探しているから不安なのです。

見つからないのではありません。

ないことに早く気づけばいいのです。

これが大人です。

子どもは「どこかにあるに違いない」と思っています。

それはテレビドラマにある世界です。

テレビドラマでは、職場はみんな仲よしです。

悪役は必ず罰を受けます。

テレビドラマは、すべての現実は描いていません。

テレビドラマを見て、「キャビンアテンダントになりたい」「コンシェルジュになりたい」と就職した人は、「テレビドラマにこんな場面はなかったから」と、辞めることがあります。

現実の世界がテレビドラマの内容と違うのは当たり前です。

それを早く学んでおくことです。

不安にならないためには、感謝するよりもリスペクトすることが大切なのです。


一生モノの「稼ぎ力」を身につける新ルール

46

感謝より、リスペクトしよう。

47 今までを否定する人は、迷う。今の職業を、恥ずかしがらない人が、稼げる。

今までの自分の仕事を恥ずかしがって内緒にする人がいます。

中谷塾に初めて来た人に、「仕事は何しているの?」と聞きます。

その時、「サラリーマンです」と言葉を濁す人がいるのです。


具体的な職種を言わない人は成功しません。

「こんな仕事をしていると思われたくない」と、自分の仕事を恥ずかしく感じているからです。

「今しているのは仮の仕事ですから」と言われたら、同僚も、上司も、社長も、お客様もイヤです。

一生モノの「稼ぎ力」を身につける新ルール

47

今までを、否定しない。

「自分がこれをしているのは仮で、本来自分はこんなことをするつもりはないから」と言う人は、うまくいきません。

あるショップで働いている男が、「自分はビル・ゲイツみたいになるんだ」と言いました。

それなら、「自分はこんなことをしたいとは思っていないから」と否定しないことです。

まず、自分の職場でトップを目指します。

そうすれば、何か未来につながることがあります。

「いや、自分はこんなことをしたいと思っていないから」と言う人は、すごくマナーが悪いのです。

話し方も、人の話を聞く姿勢もまったくできていません。

それではショップで営業1位にはなれず、成功もしないのです。

48

「今日すること」を増やすことで、稼げる。

稼げない人は、「今日する仕事を、とにかく減らしたい」のです。

上司から何か頼まれた時に、「エッ、これは急ぎですか」「いつまでにやればいいですか」と言って、今日の仕事をいかに減らすかを考えます。

これを「効率化」と言います。

今日する仕事を減らせば減らすほど、未来につながるチャンスがなくなります。

自分が仕事を片づける力もついていきません。

集中力も鍛えられません。

持久力もつきません。

稼げる人は、「今日、もうひとつできないか」と、今日できる仕事を増やしていく人です。

仕事の量が多いので、それをコンパクトにするノウハウを見つけます。早くできるやり方がないか、もっと密度濃くすることができないかと考えるのです。

「それでなくても仕事が多いのに、上司が仕事を押しつける」とか、「人をどんどん減らしていって、自分の負担が増えていく」と文句を言う人がいます。それを言っていると、永遠にしんどくなるだけです。

私自身は、「今日、もっとできないか」と探しています。

「ウワァ、積み残した」と思っても、自分のハードルの中で積み残しているだけです。

「これ、締切の前日に渡そうと思っていたのに、間に合わなかったか」というのは、私の中では、締切日に渡すのでは間に合っていないからです。
締切の前日に返すのが、私自身の締切と考えているのです。

一生モノの「稼ぎ力」を身につける新ルール
48

「今日すること」を増やそう。

49

先に払うことで、お金の心配がなくなる。

お金の不安がある人は、できるだけ払いを「遅く」しようとします。

できるだけ長くお金を持っていたいからです。

お金の不安がない人は、できるだけ「先に」渡そうとします。

支払いを遅らせて自分で持ち続ける状態にすると、不安だけが残るのです。


具体的な例で言うと、豪華客船は、オール・インクルーシブ（全部込み）で、前払いです。

料金はすべて支払い済みなので、船で旅をしている間はとても楽しい時間です。

支払いのことを考えなくていいからです。

「後払いで結構です。船を下りる時に払ってください」と言われると、下りる日が近づいてくると、「もう払うのか、いくらだろう」と思って、だんだん楽しくなくなります。

全部込みではなく、メロンは別料金となると、子どもに「メロン食べたい」と言われた時に、親が「メロンはダメ」と言うことがあります。

それでは旅全体を楽しめません。

これは後払いだからです。

前払いは、お金を払っている感が消えていきます。

だからこそ先に払う方がいいのです。

世の中においては、払う先が個人と法人の2通りに分かれます。

対個人に払う時ほど早く払ってあげる必要があります。

個人は、ランニングコストでまわるお金の工面が大変だからです。

個人は1日でも早いと助かるのです。

企業は、もっと大きな金額でまわっているので、1日の違いはそれほどありません。

個人に対しては、請求が来たら即払うという形にしてあげることで、大きな信用が生まれるのです。

一生モノの「稼ぎ力」を身につける新ルール

49

個人にほど、早くお支払いしよう。

CHAPTER

6

自分を信じられれば、お金の不安は消えていく。

50

簡単そうに見える仕事は、稼げない。難しさがわかる仕事は、稼げる。

脱サラしたい人は、「簡単に儲かりそうに見える仕事」を始めようとしがちです。

「あれは原価が安くて、誰でもできそうだね」「マニュアルどおりまわせば、あとは自動的にいけるから簡単そうだよね。ラクできていいよね」と思う仕事は失敗します。

簡単そうに見える仕事で、簡単な仕事はありません。
簡単そうに見える仕事は、難しいところが「見えにくい」仕事です。

一方で、難しそうなところが目に見えやすい仕事があります。
最初に「あれ、難しそうだよね」と、見えている仕事はいいのです。

一生モノの「稼ぎ力」を身につける新ルール

50

難しそうな仕事を選ぼう。

ラクそうに見える、簡単そうに見える、原価が安そうに見える仕事は、大体失敗します。

作家という仕事もラクそうに見える仕事に入ります。

自分で本を書いている人は難しさがわかるのです。

本を書いたことがない人は、「いいよね、夢の印税生活」と言います。

どこにそんなものが存在するのか不思議です。

仕事を選ぶなら、難しそうな仕事を選ぶことが大切なのです。

51

お客様の顔が見えないビジネスは、稼げない。

誰もが手を出したいのが、ネットビジネスです。

学習塾をしていて、「映像を使うと一回一回授業しなくていいから、有料ユーチューブで授業をやりたいんです。一回やったら自動的にお金が入ってくるし……」と言う人が多いのです。

ネットビジネスの難しさは、お客様の顔が見えないことです。

さらに、料金を安くすると、クレームが増えるのです。

究極、無料のユーチューブに「わかりにくい」というクレームが来ます。

お客様自身の覚悟が小さくなるからです。

高額なものほど、クレームはありません。

お客様が覚悟して来るからです。

料金を下げていけばいくほど、クレームが来ます。

安いものは簡単に買えるので、いいかげんなお客様も入ってきます。

自分が選んでいるのにつまらないと、「提供者が悪い」と感じるのです。

大切なことは、お客様の顔が見える仕事をすることです。

これは失敗がありません。

お客様の顔が見えなくなると、危ないのです。

テレビとラジオを比べると、ラジオの方がお客様の顔が見えやすいです。

お客様の数が少なくて、つながりが濃いからです。

テレビはラジオよりお客様の顔が見えにくいのです。

ネットはもっと見えません。

リアル店舗は、常にお客様の顔が見えています。

リアル塾も、常に生徒の顔が見えています。

だからこそ、そのつど、そのつど、お客様の満足度を上げることができるので
す。

私は、読者の顔を見ながら本を書いています。

新たな読者よりも、今まで読んでくれている読者の反応や手紙を見て、具体的
な人を思い浮かべながら書いているから内容がリアルに伝わるのです。

一生モノの「稼ぎ力」を
身につける新ルール

51

お客様の顔が見える仕事をしよう。

52 自腹で勉強したことでしか、稼げない。

稼ぐために勉強するにはお金がかかります。

そのお金は「自腹」でないとダメです。

会社のお金でしていることは、モチベーションが下がります。

ビジネススクールに、経費で来ている人はモチベーションが低いものです。

会社に言われて来ているだけで、自分のお金を払っていないからです。

高いビジネススクールの費用を自分のお金で払う人は、それなりの覚悟を持ってくるわけです。

「これだけお金を払っているんだから、少しでも持って帰らないと。モトを取ろう」という意識があります。

会社で払ってもらっていると、「行かなくちゃいけないから」感で来てしまうのです。

そうすると、会議と同じローテンションのレベルになります

そもそも勉強に「自腹」という言葉がおかしいのです。

自腹で勉強するのは当たり前です。

デートに「自腹」という言葉がないのと同じです。

デートで「今日は自腹でごちそうするよ」と言った時点で、次のデートはありません。

「今日は自腹だぞ」と言う人は、相手にムッとされてしまうのです。

「今日は経費だからね」と言う方がまだいいです。

それは「気を使わないでいいよ」と言っている感じがします。

一生モノの「稼ぎ力」を身につける新ルール

52

勉強まで会社に甘えない。

53

お客様を稼げるようにする人が、稼げる。

お客様を稼げるようにしていくと、自分が稼げるようになります。
お客様を稼がせないで自分だけ稼ごうとすると、自分も稼げなくなります。

この人は焦りがちなのです。

常にお客様を稼げるようにしてあげることが大切です。

自分が稼げるようになる必要はまったくありません。

たとえば、セミナーをしている講師の男性が「生徒が続かない」と悩んでいます。

そこそこの費用がかかる授業なので、「教えてやっているのに、なんで来なくなるかな」と文句を言っていました。

授業のための費用で貯金がなくなったからです。

生徒が来なくなったのは、稼ぎ方を教えた生徒が稼げていないからです。

それは教え方が間違っています。


まず、来ている生徒を実際に稼げるようにする必要があります。

私は、中谷塾を始めて11年になります。

来ている塾生たちが、恋人ができたり、結婚したり、いい会社に行けるようになったり、独立して会社を経営したり、業界1位になっていい住まいに引っ越しているという結果を見るたびに、中谷塾をしていてよかったと感じています。

先生が儲かっているのではなく、来ている生徒が稼いでいるから来続けることができるのです。

来ている生徒が稼げなければ、授業料を払えないので来なくなります。

孔子は、自分の弟子の就職あっせんまで全部しています。

人を育てるために、「〇〇がいいんじゃないか」と就職先を考えて、紹介状まで書いていたのです。

孔子は、教祖として教えを説いているだけではありません。

実践的に就職できるように手伝っているのです。

だからこそ、たくさんの弟子が続いていくのです。

一生モノの「稼ぎ力」を身につける新ルール

53

お客様を稼げるようにしよう。

54

お客様を減らす勇気を持つ。

塾は、勉強して成長するために来ていない生徒も受け入れても、売り上げになります。

なかには、先生の熱烈なファンで、成長などはどうでもいいけれども、ファンだから来ているという人がいるのです。

そういう人は、けっこう多く参加するので大きな売り上げになります。

中谷塾では、勉強しようとしていない人は出入禁止で受け入れません。

勉強して成長しようとしている人たちのために、その空間を守るのが私の役割だからです。

勉強しに来ていない人が1人でもいると、教室がヘンな空気になるのです。

その人は、中谷塾に来ても勉強して自分が変わろうとは思いませんし、ファンとして来て満足しているだけです。

塾をしている先生にとっては、売り上げを考えると、家がお金持ちでいくらでも払うような人を出入禁止にするのは勇気がいります。

断っていくと、逆に自分の中で決心がつくのです。

残った生徒もモチベーションが上がります。


わかりやすい例は、お店の分煙です。

タバコを吸う人が2割いるから、なかなか全面禁煙にできないのです。

この2割のお客様が減るのは、お店にとっては痛いのです。

そこで、分煙にします。

結果として、分煙のお店にはタバコを吸わない人は行きません。

タバコを吸わない人には煙《けむ》いお店だからです。

分煙といっても、場所が違うだけで空気はお店の中をまわっています。

喫煙できるお店と同じなのです。

2割のタバコを吸うお客様を切れないのは、売り上げが2割下がると困るからです。

こういうお店は、**タバコを吸うお客様を切ることで、吸わない人がやってくるということに気づいていないのです。**

なかには「あそこ、完全禁煙だから行く」と言う人がいます。

いなくなるお客様は見えているからリアルですが、これから来る人は見えていないので、完全禁煙に踏み切れないお店があるのです。

日本の禁煙法は、小さなお店に考慮して、分煙という方へ向かいそうです。

その結果、分煙のお店にはタバコを吸わない人は行かないという最も中途半端な形になってしまうのです。

一生モノの「稼ぎ力」を身につける新ルール

54

断るお客様をつくろう。

55
特典を探しまわることで、不安になる。

「私だけに何か特典をつけてほしい」「リップサービスしてほしい」と、メリットや特別サービスを求めてまわることが一番不安を増大させます。

「これでいくら安くしてもらえますか」と、ポイント制で特典を求めていくと、結果として、ポイントだけのつながりで、人間と人間のつながりにならないのです。

「いくら割引してもらえますか」と、まけてもらうことを求めていく関係は、つながりがきわめて希薄です。

その特典がなくなったところで切れていきます。

たとえば、「いつもごちそうしてくれるから、あなたのことが好き」と言うのはおかしいのです。

「○○を買ってくれるから好き」と言うのは、キャバクラの女のコです。

人間と人間の関係は特典がないことで、より極まります。

関係を強めるためには、逆にプレゼントもないという状況の方がいいのです。

恋愛関係でいうと、高いプレゼントをあげた女のコとは、意外につきあうことにはなりません。

大人になると、高いプレゼントもあげられるようになります。

そういうプレゼントはNGです。

面白いのは、プレゼントをもらった側が相手のことを好きになるのではありません。

あげた側が相手のことを好きになるのです。

これがプレゼントの特徴です。

あげればあげるほど、あげている側が好きになってしまうのです。

逆に、もらった側は冷めていきます。

あげている側は、相手はもらった分だけ自分のことを好きになると勘違いしています。

自分のことを好きになってもらおうと思うなら、相手に何かしてもらうことです。


両者で何かし合うほど関係が深まります。


一方的に何かしている関係は希薄になります。

一番いいのは、デメリットを共有する関係です。

たとえば、お店の人に「すみません、お客様が増えてきたので、狭くて悪いんだけど、ここに座ってくれるかな」と言われたら、常連扱いをされた感じがして少しうれしくなります。

「またお客様が来たので、こっちへ移ってください」と言われれば言われるほど、おなじみの特別扱い感があります。

これは特典とは逆で、デメリットの共有です。

メリットでの関係ではなく、デメリットを共有していく方が、両者の強い関係性を生み出すのです。

一生モノの「稼ぎ力」を身につける新ルール

55

特典を聞かない。

56

目指す稼ぎ方で成功していない人に聞いても、不安になるだけ。

アドバイスを求める時は、自分が目指すビジネスモデルで「成功している人」に聞く必要があります。

これは当たり前のことですが、そういう聞き方をしない人が実に多いのです。

たとえば、ある人から「ファンクラブの月会費で食べていくビジネスモデルを考えたんですけど、中谷さん、どう思いますか」と聞かれました。

それは私に聞いても仕方がありません。

私はそういうやり方をしないからです。

「どうやってナンパするんですか。ナンパの仕方を教えてほしいんですけど」という質問も、私に聞くのは間違いです。

私はナンパをしないので、ナンパをする人にアドバイスを聞いた方がいいです。

「転職しようと思うんだけど、どう思う?」と、会社勤めをしている人間に聞いても仕方がありません。

それは転職した人に聞いた方が早いです。

「起業しようと思うんだけど、どう思う?」と、同僚に聞いても参考になりません。

実際に起業した人には、メリット・デメリットがわかります。

起業したことのない人に聞いても、想像でしか言えません。

想像で反対・賛成の意見を言われても、参考にならず不安だけが残ります。

これが、聞く相手を間違っているということです。

「不労所得で食べていきたいんですけど、どうしたらいいでしょう?」と聞かれたら、私は「なんで僕に聞くんだよ。僕は不労所得で食べていない。過労所得だよ」と答えます。

過労所得で食べている人に不労所得での稼ぎ方を聞くのは、聞く相手を間違えています。

むしろショックなのは、私が不労所得だと思われていたということです。

なかには「私も中谷さんみたいに、人に教えて食べていけるようになりたいんですけど」と、すごく簡単そうに言う人がいます。

これは、「人に教えて」という部分に、「人に好きなことを言って」というニュアンスが入っています。

「自分は先生のようなインプットの勉強の仕方が大変だから、それはムリだ」と言ってくれるなら、まだリスペクト感があります。

「私も先生のような仕事をしていきたいんですけど、どうでしょうか」と言われると、「そんなに誰でもできるような簡単な道を歩んではいないけど」と言いたくなります。

そういう聞き方をする人は、相手に対してのリスペクトがないのです。


一生モノの「稼ぎ力」を身につける新ルール

56

目指す稼ぎ方をしている人に相談しよう。

57

仕事をコロコロ変える人は、稼げない。継続できる人は、稼げる。

仕事をコロコロ変える人は、結果として不安が増大して稼げません。
稼げる人の要素は３つです。

①打席に立ってバットを振れる人

これはチャレンジをする人です。
グズグズ言っているだけでは稼ぐ人になれないのです。

②ムリなことを実践できる人

「ムリです」「難しいです」「めんどくさいです」と言う人は、稼げません。

ムリなこと、難しいこと、めんどくさいことをするから稼げるようになるのです。

③続けられる人

難しいところや、かたい岩盤にぶつかったり、行きどまりに来た時に、「ここ、行きどまりだからやめる」「苦しいからやめる」と言う人がいます。

調子のいい時は誰でも続けられるのです。

諦《あきら》めたい、手放したいと思うような苦しい時に仕事を変えないことで、学んだり、得ることは必ずあります。

せっかく学ぶチャンスにぶつかっているのに、そこで辞めるのはもったいないことです。

苦しくても続けられる人が稼げるようになり、ここで逃げる人は常に不安を伴って生きるようになるのです。

会社を変えたり、自分で会社を立ち上げる時は、まず今の会社で実績をつくってからにします。

これは、習いごとや勉強を始める時も同じなのです。

一生モノの「稼ぎ力」を身につける新ルール

57

苦しい時に、仕事を変えない。

58

実力以上に見せようとするから、不安になる。

不安になるのは、実力以上に見せようとするからです。

実力よりも自分がもっと仕事ができるように見せたいと思う時に、緊張が生まれます。

その時点で、見抜かれないだろうと相手を甘く見ています。

実際は、「この人間がどこまでできて、それ以上はできないか」というのは、お客様にも仕事相手にも一発でバレています。

相手を「ごまかせる」と思う人は、仕事をなめてかかっています。

「これぐらいの準備で、これぐらいのことができるんじゃないか」と考えて、バレないだろうと思ってもムリです。

たしかに、「こんなにたくさんの準備をしている」と理解してもらうことはできません。

それはできなくていいのです。

ただし、「これぐらい手を抜いても、しょせんバレないだろう」というのは、相手をなめた態度です。

「これぐらいしておけばいいんじゃないか」という手抜き感は、同じ仕事をしている人に申しわけないし、人間だけではなく仕事に対してのリスペクトがなさすぎるのです。

一生モノの「稼ぎ力」を身につける新ルール
58

仕事に対して、リスペクトを持とう。

59

見栄を張ることで、ムダなお金を使う。

実力以上に見せようとすると、見栄を張ることになります。

その結果、見栄にムダづかいが生まれてくるのです。

たとえば、「講師になりたい」という人が増えています。

「生徒数が少ないとカッコ悪いから」と、立派なホテルの会場を借りてコストをかけると、結局コスト代で赤字になります。

ためになる授業なら、場所は関係なしに生徒は来ます。

生徒は、いい場所だから来るのではありません。

場所代にコストをかける必要はないのです。

「講師になりたい」と言う人には、私は「場所にコストをかけないこと。清潔感があって明るい場所なら、安いところでいいから」とアドバイスします。

見栄にお金をかけるというのが、最も出銭《でぜに》が大きくなっていくのです。

自分の勉強のためにお金をかけるのはいいです。

見栄のために時計にお金をかけるのはムダづかいです。

その時計の価値を勉強しないで、値段の高さだけを話していると、結果としてはお金を敵にまわしていくことになります。

お金の奴隷になるということです。

見栄を張ることのわかりやすい例は、ホームページや本のプロフィール欄です。

実力のある人は、プロフィール欄に「○○をし、△△をし、××をし……」と、具体的な事実だけ書いてあります。

自信のない人は、「○○で大好評を得て」と書いてあるのです。

イチローがプロフィール欄に「大好評を得て」とは書きません。

一生モノの「稼ぎ力」を身につける新ルール

59

見栄代に、ムダづかいしない。

「大好評を得て」と書いてあるのは、自信のなさのあらわれです。

自信のある人は、淡々と事実だけ書いてあります。

「大好評」という言葉は出てきません。

私は、ほかの人のプロフィール欄を見て、「『大好評』は削った方がいいのにな」と、他人事ながら心配することがあります。

していることだけを淡々と履歴書のように書けばいいのです。

自分のことを「大好評」や「絶賛」と書くのは、自己肯定感の低い人です。

それを言うことで、逆に、「大丈夫かな、この人」と思われていることに気づいていないのです。

今は本を書かなくても、フェイスブックに本人のプロフィールが載ります。

プロフィールには事実のみを書いて、何も修飾語をつける必要はないのです。

EPILOGUE

60

物質的安心より大切な、精神的豊かさは、勉強・経験・友達力から生まれる。

お金の不安をなくしたい人は、お金の「安心」を得たいのです。

人間にとって、安心より大切なのは「豊かさ」です。

「安心」と「豊かさ」は違います。

「安心」は、物質です。

「豊かさ」は、精神です。

精神的な豊かさは、勉強・経験・友達から生まれます。

毎日の生活の中で、お金を勉強・経験・友達に置きかえていった人は、不安がなくなるのです。

勉強よりもお金、経験よりもお金、友達よりもお金を優先した人は不安が増大します。

物質でいくら残しても、不安がなくなることはありません。

お金をたくさん持っていても、豊かにはなれません。

勉強・経験・友達の3つの精神的な要素によって、豊かさが生まれるのです。

「儲からなかったけど、この仕事は勉強になった」「いい経験になった」ということがその人の財産になり、不安がなくなるのです。

「売れなかったけど、この本をつくってよかった」と思うことがあります。

好きな本ほど売れないのです。

それでいいのです。

売れることに先走ると、それはお客様に見抜かれます。

常に勉強している人は、不安にならないのです。

一生モノの「稼ぎ力」を身につける新ルール

60

物質的安心より、精神的豊かさを目指そう。

中谷彰宏　主な作品一覧

ビジネス

【ダイヤモンド社】

『50代でしなければならない55のこと』
『なぜあの人の話は楽しいのか』
『なぜあの人はすぐやるのか』
『なぜあの人の話に納得してしまうのか[新版]』
『なぜあの人は勉強が続くのか』
『なぜあの人は仕事ができるのか』
『なぜあの人は整理がうまいのか』
『なぜあの人はいつもやる気があるのか』
『なぜあのリーダーに人はついていくのか』
『なぜあの人は人前で話すのがうまいのか』
『プラス1%の企画力』
『こんな上司に叱られたい。』
『フォローの達人』
『女性に尊敬されるリーダーが、成功する。』
『就活時代しなければならない50のこと』
『お客様を育てるサービス』
『あの人の下なら、「やる気」が出る。』
『なくてはならない人になる』
『人のために何ができるか』
『キャパのある人が、成功する。』
『時間をプレゼントする人が、成功する。』
『ターニングポイントに立つ君に』
『空気を読める人が、成功する。』
『整理力を高める50の方法』
『迷いを断ち切る50の方法』
『初対面で好かれる60の話し方』
『運が開ける接客術』
『バランス力のある人が、成功する。』
『逆転力を高める50の方法』
『最初の3年その他大勢から抜け出す50の方法』
『ドタン場に強くなる50の方法』
『アイデアが止まらなくなる50の方法』
『メンタル力で逆転する50の方法』
『自分力を高めるヒント』
『なぜあの人はストレスに強いのか』
『スピード問題解決』
『スピード危機管理』
『一流の勉強術』
『スピード意識改革』
『お客様のファンになろう』
『なぜあの人は問題解決がうまいのか』
『しびれるサービス』

『大人のスピード説得術』
『お客様に学ぶサービス勉強法』
『大人のスピード仕事術』
『スピード人脈術』
『スピードサービス』
『スピード成功の方程式』
『スピードリーダーシップ』
『出会いにひとつのムダもない』
『お客様がお客様を連れて来る』
『お客様にしなければならない50のこと』
『30代でしなければならない50のこと』
『20代でしなければならない50のこと』
『なぜあの人は気がきくのか』
『なぜあの人はお客さんに好かれるのか』
『なぜあの人は時間を創り出せるのか』
『なぜあの人は運が強いのか』
『なぜあの人はプレッシャーに強いのか』

【ファーストプレス】
『「超一流」の会話術』
『「超一流」の分析力』
『「超一流」の構想術』
『「超一流」の整理術』
『「超一流」の時間術』
『「超一流」の行動術』
『「超一流」の勉強法』
『「超一流」の仕事術』

【PHP研究所】
『もう一度会いたくなる人の聞く力』
『【図解】仕事ができる人の時間の使い方』
『仕事の極め方』
『【図解】「できる人」のスピード整理術』
『【図解】「できる人」の時間活用ノート』

【PHP文庫】
『入社3年目までに勝負がつく77の法則』

【オータパブリケイションズ】
『レストラン王になろう2』
『改革王になろう』
『サービス王になろう2』

【あさ出版】
『気まずくならない雑談力』
『なぜあの人は会話がつづくのか』

【学研プラス】
『頑張らない人は、うまくいく。』
『見た目を磨く人は、うまくいく。』（文庫）
『セクシーな人は、うまくいく。』
『片づけられる人は、うまくいく。』（文庫）
『なぜ あの人は2時間早く帰れるのか』
『チャンスをつかむプレゼン塾』
『怒らない人は、うまくいく。』（文庫）
『迷わない人は、うまくいく。』
『すぐやる人は、うまくいく。』（文庫）
『シンプルな人は、うまくいく。』

『見た目を磨く人は、うまくいく。』
『決断できる人は、うまくいく。』
『会話力のある人は、うまくいく。』
『片づけられる人は、うまくいく。』
『怒らない人は、うまくいく。』
『ブレない人は、うまくいく。』

【リベラル社】

『問題解決のコツ』
『リーダーの技術』

『速いミスは、許される。』**（リンデン舎）**
『歩くスピードを上げると、頭の回転は速くなる。』**（大和出版）**
『結果を出す人の話し方』**（水王舎）**
『一流のナンバー2』**（毎日新聞出版）**
『なぜ、あの人は「本番」に強いのか』**（ぱる出版）**
『「お金持ち」の時間術』**（二見書房・二見レインボー文庫）**
『仕事は、最高に楽しい。』**（第三文明社）**
『「反射力」早く失敗してうまくいく人の習慣』**（日本経済新聞出版社）**
『伝説のホストに学ぶ82の成功法則』**（総合法令出版）**
『リーダーの条件』**（ぜんにち出版）**
『転職先はわたしの会社』**（サンクチュアリ出版）**
『あと「ひとこと」の英会話』**（DHC）**

恋愛論・人生論

【ダイヤモンド社】

『なぜあの人は逆境に強いのか』
『25歳までにしなければならない59のこと』
『大人のマナー』
『あなたが「あなた」を超えるとき』
『中谷彰宏金言集』
『「キレない力」を作る50の方法』
『30代で出会わなければならない50人』
『20代で出会わなければならない50人』
『あせらず、止まらず、退かず。』
『明日がワクワクする50の方法』
『なぜあの人は10歳若く見えるのか』
『成功体質になる50の方法』
『運のいい人に好かれる50の方法』
『本番力を高める57の方法』
『運が開ける勉強法』
『ラスト3分に強くなる50の方法』
『答えは、自分の中にある。』
『思い出した夢は、実現する。』
『面白くなければカッコよくない』
『たった一言で生まれ変わる』
『スピード自己実現』
『スピード開運術』
『20代自分らしく生きる45の方法』
『大人になる前にしなければならない50のこと』
『会社で教えてくれない50のこと』
『大学時代しなければならない50のこと』
『あなたに起こることはすべて正しい』

【PHP研究所】

『なぜあの人は、しなやかで強いのか』
『メンタルが強くなる60のルーティン』
『なぜランチタイムに本を読む人は、成功するのか。』
『中学時代にガンバれる40の言葉』
『中学時代がハッピーになる30のこと』
『14歳からの人生哲学』
『受験生すぐにできる50のこと』
『高校受験すぐにできる40のこと』
『ほんのささいなことに、恋の幸せがある。』
『高校時代にしておく50のこと』
『中学時代にしておく50のこと』

【PHP文庫】

『もう一度会いたくなる人の話し方』
『お金持ちは、お札の向きがそろっている。』
『たった3分で愛される人になる』
『自分で考える人が成功する』

【だいわ文庫】

『美人は、片づけから。』
『いい女の話し方』
『「つらいな」と思ったとき読む本』
『27歳からのいい女養成講座』
『なぜか「HAPPY」な女性の習慣』
『なぜか「美人」に見える女性の習慣』
『いい女の教科書』
『いい女恋愛塾』
『やさしいだけの男と、別れよう。』
『「女を楽しませる」ことが男の最高の仕事。』
『いい女練習帳』
『男は女で修行する。』

【あさ出版】

『孤独が人生を豊かにする』
『「いつまでもクヨクヨしたくない」とき読む本』
『「イライラしてるな」と思ったとき読む本』

【きずな出版】

『グズグズしない人の61の習慣』
『イライラしない人の63の習慣』
『悩まない人の63の習慣』
『いい女は「涙を背に流し、微笑みを抱く男」とつきあう。』
『ファーストクラスに乗る人の自己投資』
『いい女は「紳士」とつきあう。』
『ファーストクラスに乗る人の発想』
『いい女は「言いなりになりたい男」とつきあう。』
『ファーストクラスに乗る人の人間関係』
『いい女は「変身させてくれる男」とつきあう。』
『ファーストクラスに乗る人の人脈』
『ファーストクラスに乗る人の仕事』
『ファーストクラスに乗る人の教育』
『ファーストクラスに乗る人の勉強』
『ファーストクラスに乗る人のお金』
『ファーストクラスに乗る人のお金2』
『ファーストクラスに乗る人のノート』
『ギリギリセーフ』

【学研プラス】

『美人力』（ハンディ版）
『嫌いな自分は、捨てなくていい。』

【ぱる出版】

『品のある稼ぎ方・使い方』
『察する人、間の悪い人。』
『選ばれる人、選ばれない人。』
『一流のウソは、人を幸せにする。』
『セクシーな男、男前な女。』
『運のある人、運のない人』
『器の大きい人、器の小さい人』
『品のある人、品のない人』

【リベラル社】

『50代がもっともっと楽しくなる方法』
『40代がもっと楽しくなる方法』
『30代が楽しくなる方法』
『チャンスをつかむ　超会話術』
『自分を変える　超時間術』
『一流の話し方』
『一流のお金の生み出し方』
『一流の思考の作り方』

【秀和システム】

『なぜ あの人はいつも若いのか。』
『楽しく食べる人は、一流になる。』
『一流の人は、◯◯しない。』
『ホテルで朝食を食べる人は、うまくいく。』
『なぜいい女は「大人の男」とつきあうのか。』
『服を変えると、人生が変わる。』

【日本実業出版社】

『出会いに恵まれる女性がしている63のこと』
『凛とした女性がしている63のこと』
『一流の人が言わない50のこと』
『一流の男　一流の風格』

【主婦の友社】

『輝く女性に贈る　中谷彰宏の運がよくなる言葉』
『輝く女性に贈る　中谷彰宏の魔法の言葉』

【水王舎】

『「人脈」を「お金」にかえる勉強』
『「学び」を「お金」にかえる勉強』

【毎日新聞出版】

『あなたのまわりに「いいこと」が起きる70の言葉』
『なぜあの人は心が折れないのか』

【大和出版】

『「しつこい女」になろう。』
『「ずうずうしい女」になろう。』
『「欲張りな女」になろう。』
『一流の準備力』

【すばる舎リンケージ】

『好かれる人が無意識にしている言葉の選び方』
『好かれる人が無意識にしている気の使い方』

【ベストセラーズ】

『一歩踏み出す5つの考え方』

『一流の人のさりげない気づかい』

『昨日より強い自分を引き出す61の方法』**（海竜社）**

『状況は、自分が思うほど悪くない。』**（リンデン舎）**

『一流のストレス』**（海竜社）**

『成功する人は、教わり方が違う。』**（河出書房新社）**

『名前を聞く前に、キスをしよう。』**（ミライカナイブックス）**

『なぜかモテる人がしている42のこと』**（イースト・プレス　文庫ぎんが堂）**

『人は誰でも講師になれる』**（日本経済新聞出版社）**

『会社で自由に生きる法』**（日本経済新聞出版社）**

『全力で、1ミリ進もう。』**（文芸社文庫）**

『「気がきくね」と言われる人のシンプルな法則』**（総合法令出版）**

『なぜあの人は強いのか』**（講談社＋α文庫）**

『大人になってからもう一度受けたい コミュニケーションの授業』**（アクセス・パブリッシング）**

『運とチャンスは「アウェイ」にある』**（ファーストプレス）**

『大人の教科書』**（きこ書房）**

『モテるオヤジの作法2』**（ぜんにち出版）**

『かわいげのある女』**（ぜんにち出版）**

『壁に当たるのは気モチイイ　人生もエッチも』**（サンクチュアリ出版）**

書画集『会う人みんな神さま』**（DHC）**

ポストカード『会う人みんな神さま』**（DHC）**

『サクセス&ハッピーになる50の方法』**（阪急コミュニケーションズ）**

【面接の達人】（ダイヤモンド社）

『面接の達人　バイブル版』

本の感想など、
どんなことでも、
あなたからのお手紙を
お待ちしています。
僕は、本気で読みます。

中谷彰宏

〒162-0053
東京都新宿区原町3-61　桂ビル
現代書林気付　中谷彰宏行
＊食品、現金、切手などの同封はご遠慮ください。（編集部）

中谷彰宏は、盲導犬育成事業に賛同し、
この本の印税の一部を
（公財）日本盲導犬協会に寄付しています。

中谷彰宏（なかたに　あきひろ）

1959年、大阪府生まれ。
早稲田大学第一文学部卒業。84年、博報堂に入社。CMプランナーとして、テレビ、ラジオCMの企画、演出をする。91年、独立し、株式会社中谷彰宏事務所を設立。「中谷塾」を主宰し、全国で講演・ワークショップ活動を行っている。

[中谷彰宏公式サイト]
http://an-web.com/

お金《かね》の不安《ふあん》がなくなる60の方法《ほうほう》
一生《いっしょう》モノの「稼《かせ》ぎ力《りょく》」をつけよう

2018年7月26日　初版第1刷

著　者――――――――――中谷彰宏《なかたにあきひろ》
発行者――――――――――坂本桂一
発行所――――――――――現代書林
〒162-0053　東京都新宿区原町3-61　桂ビル
TEL／代表　03(3205)8384
振替00140-7-42905
http://www.gendaishorin.co.jp/

ブックデザイン＋DTP――――吉崎広明（ベルソグラフィック）
企画・編集協力――――――遠藤励起
カバー帯、扉使用写真――――vgstudio/Shutterstock.com
本文使用写真――――――――Flas100/Shutterstock.com

印刷・製本　広研印刷㈱
定価はカバーに表示してあります。
万一、落丁・乱丁のある場合は購入書店名を明記の上、小社営業部までお送りください。送料小社負担にてお取り替えいたします。但し、古書店で購入されたものについてはお取り替えできません。
この本に関するご意見・ご感想をメールでお寄せいただく場合は、info@gendaishorin.co.jp まで。

ISBN978-4-7745-1713-1 C0030